Jörg Zumbach

WEB-BASED TEACHING

Eine praktische Einführung in die Gestaltung von
Online-Lernmaterial

ibidem-Verlag
Stuttgart

Die Deutsche Bibliothek - CIP-Einheitsaufnahme:
Ein Titeldatensatz für diese Publikation ist bei
Der Deutschen Bibliothek erhältlich

∞

Gedruckt auf alterungsbeständigem, säurefreien Papier
Printed on acid-free paper

ISBN: 3-89821-075-8

© *ibidem*-Verlag
Stuttgart 2000

Printed in Germany

Web-Based Teaching
Eine praktische Einführung in die Gestaltung von Online-Lernmaterial

Dipl.-Psych. Jörg Zumbach

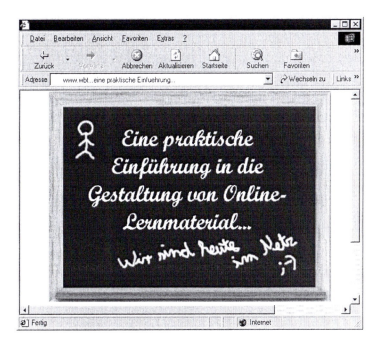

DEM LEBENDIGEN GEISTE

Dem kategorischen Imperativ

...und natürlich für Sabine...;-)

Dankende Worte...

...an Frau Miriam Weinel für die finale Überarbeitung des Manuskriptes, meine Kollegen Andreas Rapp, Martina Mauch und Nicola Döring, die mich aktiv bei dem Verfassen dieses Buches durch Korrekturlesen und hilfreiche Hinweise unterstützt haben. Ebenso gilt mein Dank Herrn Prof. Peter Reimann, der während meines Studiums meine Aufmerksamkeit und mein Interesse für die Pädagogische Psychologie überhaupt erst geweckt hat und auch darüber hinaus als stetige Quelle an Unterstützung und Ratschlägen zur Verfügung stand und steht.

Auch der Austausch mit Philipp Starkloff, Katja Müller und Knut Weber hat sich sehr positiv auf das Verfassen dieses Buches ausgewirkt.

Einen ganz besonderen Dank möchte ich unseren Studierenden aussprechen, durch und mit denen überhaupt erste Manuskripte entstanden sind.

Der Autor wurde beim Verfassen des Werkes durch ein Stipendium der Deutschen Forschungsgemeinschaft DFG im Rahmen des Virtuellen Graduiertenkollegs VGK (www.vgk.de) unterstützt.

Vorwort

Mit "Multimedia-Offensiven" versuchen Bund und Länder gegenwärtig den Entwick-
lungsrückstand in Bezug auf neue Medien aufzuholen. Folgender Auszug aus einer
Pressemeldung des Bundesministerium für Bildung und Forschung vom 20.03.2000[1]
zeigt den Bedarf an einer gezielten Unterstützung dieser Offensive an:

"Mit dem Mausklick den Zugang zum Wissen der Welt öffnen."
*"Nachdem wir den Durchbruch geschafft haben, Schulen mit Computern und Inter-
netzugängen auszustatten, will ich jetzt dafür sorgen, dass erstklassige Bildungssoft-
ware entwickelt wird." Mit diesen Worten stellte heute in Berlin die Bundesministerin
für Bildung und Forschung, Edelgard Bulmahn, das neue Förderprogramm "Neue
Medien in der Bildung" vor. Die Bundesregierung wird in den nächsten fünf Jahren
für die Entwicklung von Lernsoftware für Schulen, Hochschulen und Berufsbildung
400 Millionen Mark bereitstellen. "Wir öffnen mit dem Mausklick den Zugang zum
Wissen der Welt. Unsere Kinder und Jugendlichen sollen fit sein im Umgang mit
neuen Medien.*
*Lernen mit dem PC muss zum Normalfall im Unterricht werden, egal ob in Englisch,
Mathematik, Biologie oder Geographie - in jedem Fach sollte der Computer eingesetzt werden. Dafür brauchen wir dringend gute Lernsoftware. Das gilt nicht nur für
die Schulen, sondern auch für Hochschulen, Berufsschulen und Betriebe. Nicht nur
Auszubildende in großen Betrieben sollen die Chance haben, mit Computern umzu-
gehen, sondern auch die kleinen und mittleren Betriebe müssen über gute Software
verfügen, um ihren jungen Leuten die modernste Ausbildung zu bieten."*

Dieses Buch soll pädagogisch Tätigen helfen, den zukünftigen Anforderungen durch
theoretisches und praktisches Wissen begegnen zu können.

---

[1] http://www.bmbf.de/deutsch/aktuell/i_032000.htm

Inhaltsverzeichnis

1 Einleitung

Die zunehmende Entwicklung der weltweiten Vernetzung und der Siegeszug neuer Medien in der Aus- und Weiterbildung beschäftigen heutzutage eine Vielzahl verschiedener Disziplinen und Wissenschaftler. Ein wesentliches Problem, das bei der Nutzung neuer Medien (im pädagogischen und psychologischen Arbeitsfeld) auftritt, ist die Symbiose von bisherigem pädagogischen Handlungswissen mit der technischen Anwendung im digitalen Bereich. Das vorliegende Buch soll im wesentlichen als ein einleitender Workshop verstanden werden, in dem - ausgehend von exemplarischen instruktionspsychologischen Werken - das Arbeiten mit Online-Werkzeugen und das Erstellen von web-basierten Trainingskursen thematisiert wird. Einen wesentlichen Aspekt stellt dabei die Verfügbarkeit entsprechender Software dar. Da oftmals die finanziellen Ressourcen für praktisch arbeitende Psychologen, Pädagogen, und andere Ausbildende begrenzt sind, werden hier in erster Linie Standard-Werkzeuge in Form von Share- bzw. Freeware-Programmen in ihrer Verwendung beschrieben. Das Buch richtet sich dabei in erster Linie an diejenigen, die neu in den Bereich der Wissensvermittlung über das Internet einsteigen möchten. Dabei werden sowohl Lehrer[2] als auch Hochschuldozenten sowie berufliche Ausbilder angesprochen. Die Vorgehensweise ist dabei wie folgt:

In Kapitel 2 werden zunächst generelle Begriffe und Dienste des Internets vorgestellt. Dieses Kapitel ist in erster Linie an Internet-Einsteiger gerichtet, die gerade beginnen, das neue Medium für Lehr- und Lernzwecke einzusetzen. Neben der Darstellung der Möglichkeiten zur Informationsaufnahme und zum Informationsaustausch im Internet, wird exemplarisch das Suchen von Informationen in verschiedenen Diensten (z. B. WWW oder Newsgroups) erläutert.

Kapitel 3 verdeutlicht, wie bisherige "traditionelle" Lernformen durch einfache Nutzung bereits vorhandener Möglichkeiten und Informationen im Internet verwendet werden können bzw. wie das Internet in den bisherigen Unterricht und Ausbildung einbezogen werden kann. Hierbei werden einige Lehransätze nach konstruktivistischer Auffassung beispielhaft dargestellt (z. B. die Cognitive Flexibility Theory oder der Cognitive Apprenticeship Ansatz).

In Kapitel 4 wird der Aspekt der Kommunikation und Kollaboration über das Datennetz diskutiert. Anhand ausgewählter Software-Lösungen werden Vor- und Nachteile synchroner und asynchroner Kommunikation vorgestellt. Auch hier werden exemplarische Szenarien verwendet.

Unter Berücksichtigung didaktischer und gestalterischer Aspekte werden Anfänger im Bereich des WebDesigns in Kapitel 5 an die praktische Gestaltung von HTML-Seiten herangeführt. Berücksichtigt werden sowohl technische Aspekte als auch Aspekte der Software-Ergonomie und der Didaktik.

Aufbauend auf Kapitel 5 schildert das sechste Kapitel den Einsatz professioneller Werkzeuge und zeigt die Möglichkeiten auf, komplexe Informationssysteme für Web-basierte Trainingskurse zu entwickeln. Ein Schwerpunkt liegt dabei auf der Gestaltung von Wissensabfragen und Tests.

All diejenigen, die ihr Lehrmaterial bereits vorliegen haben oder andere Quellen in Internet-Kurse einfügen möchten, sind in Kapitel 7 adressiert, in welchem in die Grundlagen und Kniffe des Scannens eingeführt wird.

In Kapitel 8 wird erläutert, wie bereits vorhandene Bilder verändert und didaktisch aufbereitet werden können. Dies wird unter dem Aspekt der didaktischen Verwendung von Bildmedien diskutiert und anhand der Umsetzung theoretischer Lehrmodelle veranschaulicht.

Einen generellen Rahmen zur Entwicklung von Kursen erläutert Kapitel 9. Hier wird der gesamte Prozess der Entwicklung eines Kurses von der Bedarfsanalyse bis hin zur Evaluation mit allen notwendigen Schritten erläutert. Dieses Kapitel bildet (sozusagen) den Rahmen, in welchen die vorangegangenen Abschnitte eingereiht werden können. Anhand eines Beispiels wird die sinnvolle und notwendige Abfolge von Schritten innerhalb der Entwicklung eines Kurses dargestellt.

Kapitel 10 gibt einen Einblick in kommerzielle und spezialisierte Produkte zur Kursentwicklung im Internet sowie in die Verwendung von Kurs- und Lernerverwaltungssystemen.

---

[2] Um den Lesefluss nicht unnötig zu behindern, wird hier generell die männliche Form verwendet. Selbstverständlich sind sowohl Männer als auch Frauen gemeint.

Im letzten Kapitel wird abschließend die Notwendigkeit zu kollaborativem und aktivem Lernen begründet. Das Internet als kommunikative Plattform bietet die Chance, den rein rezeptiven Prozess des Lernens in einen aktiven Prozess umzuwandeln, bei dem das gelernte Wissen anwendbar wird. Anhand eines theoretischen Modells und dessen praktischer Umsetzung wird hier eine Lernkultur vorgeschlagen, die über bisherige Trainingsangebote im Internet hinausgeht.

Im nun folgenden Kapitel 2 soll zunächst die Basis für die Informationsgewinnung aus dem Internet erläutert werden. Zahlreiche empirische, theoretische und auch praktische Arbeiten befinden sich mittlerweile in digitaler Form im WWW oder können dort lokalisiert und dann abgerufen werden. Kapitel 2 beginnt daher mit dem Schritt der Informationsgewinnung.

2 Das Internet als Informationsressource für Pädagogen und Psychologen

Das Internet, insbesondere der Dienst des World Wide Web (WWW), bietet eine immense Menge an Daten, Texten, Bildern, Videos für nahezu jedes erdenkliche Thema. In diesem Abschnitt soll hauptsächlich beschrieben werden, wie man sich im Bereich der wissenschaftlichen und angewandten Pädagogik und Pädagogischen Psychologie diesen Informationen nähern kann, wie man effektiv Informationen sucht, und welche Informationsquellen überhaupt im Internet zur Verfügung stehen. In erster Linie sollen dabei die Dienste *WWW, eMail, FTP, Chat* und *Newsgroups* dargestellt werden, insbesondere unter dem anwendungsorientierten Aspekt "Wie gehe ich damit um?".

Dieses Kapitel ist in erster Linie an diejenigen adressiert, die erste Schritte im Umgang mit dem Internet erproben oder die bisher nur einzelne der verschiedenen Informationsangebote nutzten.

2.1 Das World Wide Web – eine kurze Einführung in das Vokabular

Der Dienst des **WWW** ist das wohl bekannteste Angebot im Internet. Dieser Dienst wurde in den letzten Jahren so populär, dass er mittlerweile beinahe synonym mit dem Internet verwendet wird. Um das WWW zu nutzen, benötigt der Anwender einen sogenannten "Browser". Browser sind Programme, die das Betrachten oder Aufrufen von WWW-Seiten erst ermöglichen. Populäre Vertreter dieser Programme sind bspw. der "Netscape Navigator" (www.netscape.com) oder der "Internet Explorer" von Microsoft (www.microsoft.com). Diese Programme sind in den allermeisten Fällen kostenlos und können über die angegebenen Adressen in der jeweils neuesten Version direkt über das WWW von den entsprechenden Entwicklern bezogen werden. Die in den Klammern (www.beispiel.com) angegebenen Adressen sind prototypische Hinweise dafür, dass man gerade den Dienst des WWW benutzt (siehe das Anfangskürzel der Adressen). Generell beginnt jedoch jede dieser Adressen mit "**http**://", ein weiteres Indiz dafür, dass man gerade das WWW benutzt. Nicht jede Adresse muss nämlich mit "www" beginnen, wie die Adresse der Homepage des Autors zeigt: "http://zumbach.psi.uni-heidelberg.de". Die exakte Bezeichnung für die Abkürzung "http" bedeutet "HyperText Transfer Protocol", ein weiterer Hinweis, dass hier digitale textbasierte Informationen, die in irgendeiner Weise miteinander verknüpft sind, transferiert werden (vom Hersteller/ Dienstanbieter über das Internet zum Browser des Nutzers). Um entsprechende Angebote auch selbst anbieten zu können, muss diese Konvention der Übertragung beachtet werden. Das heißt, dass entsprechende WWW-Seiten im sogenannten **"HTML"-Format** verfasst werden müssen. HTML steht für HyperText Markup Language und ist eine Programmiersprache, die von den Browserprogrammen verstanden und so übersetzt wird, dass der Nutzer letztlich die Informationen so erhält, wie sie bspw. im Fenster des Netscape Navigator erscheinen. Die folgende Abbildung soll verdeutlichen, wie ein HTML-Programm im Browser erscheint. Auf der rechten Seite ist der Code (die Programmiersprache) zu sehen, im linken Fenster die Anzeige, die der Browser korrespondierend dazu liefert.

Abbildung 1: Anzeige einer HTML-Seite im Browser und entsprechender Quelltext

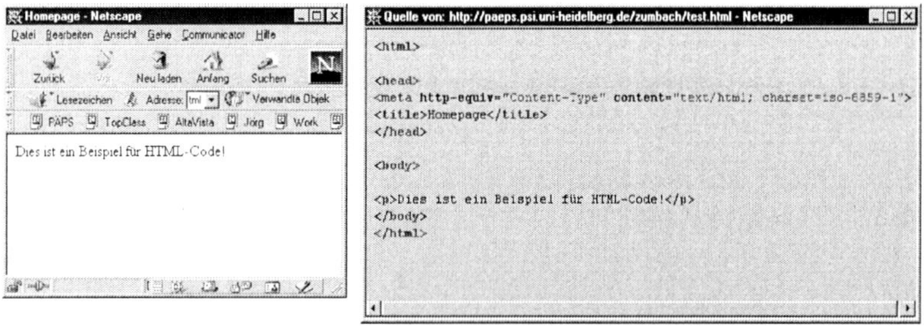

Bis vor wenigen Jahren war das Entwickeln und Anbieten von HTML-Seiten ein immenser Aufwand, da man zunächst die Programmiersprache lernen musste. Heute gibt es eine Fülle professionell-kommerzieller, aber auch kostenloser Programme, die wie ein Textverarbeitungsprogramm benutzt werden können und automatisch die Übersetzung in die eigentliche Programmiersprache vornehmen. Wie solche Seiten mit Werkzeugen erstellt und didaktisch aufbereitet werden können, wird in den Kapitel 5 und 6 behandelt.

Eine weitere erklärungsbedürftige Abkürzung ist die – vergleichbar zu "http" - mittlerweile ebenso weit verbreitete Buchstabenkombination "**URL**". URL steht für "Uniform Resource Locator" und beschreibt die eigentliche Adresse einer Seite oder eines Verzeichnisses (engl.: Site) im WWW. Spricht also jemand von einem URL, unter welchem man die Forschungsabteilung der Pädagogischen Psychologie der Universität Heidelberg findet, so ist die Adresse "http://paeps.psi.uni-heidelberg.de" im WWW gemeint. An der Endung eines URL ist zumeist auch zu erkennen, aus welchem Land das Angebot kommt (.de=Deutschland). Ausnahmen bilden hier .edu (Bildungseinrichtung, z. B. Universität), .gov (Regierungseinrichtung oder ähnliches staatliches Angebot in den USA), .org (Allgemeinnützige Organisation) und .com (kommerzielles Dienstangebot).

Ist nun im folgenden Text von URL oder Adresse die Rede, so sind Seiten im WWW gemeint, auf die verwiesen wird[3]. Im folgenden Abschnitt soll nun skizziert werden, wie man überhaupt solche Adressen findet, insbesondere solche, die für ein spezielles Thema relevant sind.

2.2 Die Suche im WWW

Mit zunehmender Beliebtheit und somit zunehmendem Umfang an Angeboten im WWW nimmt zugleich auch die Unübersichtlichkeit zu. Um dennoch gezielt Informationen finden zu können, stehen verschiedene Möglichkeiten zur Verfügung, die im Folgenden skizziert werden sollen. Am einfachsten funktioniert der Informationsabruf aus dem WWW, wenn man schon über die entsprechende Adresse verfügt. Hierzu bieten sich oftmals Fachzeitschriften oder Fachbücher an, die auf ständig aktualisierte Online-Angebote verweisen. Oftmals gibt es in Magazinen ausgewiesene Kolumnen, die sich mit themenverwandten Internetseiten beschäftigen oder zugleich

---

[3] URLs, die nicht mit "www" beginnen, werden komplett aufgeführt. Bsp.: die Homepage der Virtuellen Universität Oberrhein in Heidelberg (http://viror.psi.uni-heidelberg.de). Bei Seiten, die mit "www" beginnen wird auf das "http://" verzichtet, z. B. (www.uni-heidelberg.de), da dies auch nicht im Browser angegeben werden muss.

ein redaktionell betreutes Angebot im Netz anbieten. So bietet beispielsweise die Computerzeitschrift c't eine Kolumne über interessante WWW-Seiten an und ist zudem über eine eigene URL im Netz vertreten (www.heise.de/ct). Auch andere Informationsquellen bieten einen solchen Service, bspw. Fernsehsender, die Online-Kolumnen in ihren Videotextprogramm führen (z. B. Sat1, Pro7, etc.) oder spezielle Fachzeitschriften.

Über die bereits genannten Quellen erhält man jedoch immer nur angebotsorientiert und eher sporadisch Informationen. Eine selbstgesteuerte und interessensgeleitete Suche im Durcheinander der Datennetze ist am effektivsten durch sogenannte "**Suchmaschinen**" zu bewältigen. Suchmaschinen sind selbst Computer, die durch ein Eingabeformular über eine WWW-Seite angesteuert werden können. Möchte man Informationen im Netz anbieten, die auch von einem größeren Publikum eingesehen werden sollen, so wird diese Person die eigenen Seiten bei einer oder mehreren Suchmaschinen anmelden. Diese nimmt dann die neuen Seiten in ihr Suchangebot auf. Grundsätzlich sind zwei verschiedene (wenn auch kombinierbare) Arten von Suchmaschinen abrufbar: "stichwortbasiert" und "kategorienbasiert". Ein mögliches stichwortbasiertes und kategoriebasiertes Suchverhalten soll nun an zwei prototypischen Beispielen erläutert werden.

Stichwortbasierte Suchmaschinen: AltaVista: AltaVista ist über www.altavista.com erreichbar. Es erscheint ein Eingabefeld, in welchem nach einem Stichwort gesucht werden kann. Dieser Suchmodus bietet sich z. B. an, wenn man gezielt nach Namen oder Homepages von Wissenschaftlern, Instituten oder ähnlichen Bereichen sucht. Man setzt den gewünschten Suchbegriff am besten in Anführungszeichen und startet dann die Suche. Setzt man mehrere Worte nicht in Anführungszeichen, so sucht Altavista nach jedem Wort in einer Seite und gibt höchstwahrscheinlich eine nicht mehr überschaubare Anzahl an möglichen Trefferseiten an. In diesem Fall sollte man durch Angabe weiterer Stichworte den Suchraum eingrenzen oder direkt zu "erweiterten Suchoption" von Altavista gehen. In den "erweiterten Suchoption" können beliebige Begriffe durch Operatoren verknüpft werden. Operatoren sind Worte wie "and" und "or". Folgendes Beispiel soll erläutern, wie eine solche Suche in den verschiedenen Suchmodi vollzogen wird. Ziel dieser Suche sollen Informationen zur Gestaltung von Lernsoftware in Anlehnung an die "Elaborations-Theorie" des US-amerikanischen

Wissenschaftlers Charles M. Reigeluth zu finden. Folgende Schritte wurden dazu durchgeführt:

1. **Schritt: Altavista im einfachen Suchmodus:**
   Es wird nach dem Begriff *elaboration theory* gesucht. Das Suchergebnis bringt 4.136.905 Webseiten, die zu diesen Worten passen. Die "besten" Treffer werden jedoch gleich zu Beginn angezeigt.

2. **Schritt: Eingrenzen durch Anführungszeichen:**
   Altavista sucht nun nur nach der exakten Wortkombination "*elaboration theory*"; es sind nun nur noch 297 Treffer genannt, eine eher überschaubare Menge.

3. **Schritt: Erweiterte Suche:**
   Es wird nach "*reigeluth*" and "*elaboration theory*" and "*software design*" gesucht. Es resultieren nur noch 13 Seiten. Diese können nun näher betrachtet werden, das Ziel ist erreicht!

Kategorienbasierte Suchmaschinen: Dieser Typus von Suchmaschinen bietet – vergleichbar zu "analogen" Zeitschriftenmagazinen - eine Übersicht in Kategorien an, durch die man sich schmökernd durchlesen kann. Ein Beispiel stellt die Suchmaschine Yahoo! dar (www.yahoo.com oder www.yahoo.de), die als weitere Funktion eine Stichwortsuche zulässt. Über verschiedene Kategorien, die ständig aktualisiert werden, kann man zu einem interessierenden Themenbereich gelangen und sich an dem dortigen Angebot bedienen. Nachteil ist auch hier, dass man abhängig vom aktuellen Angebot ist und nicht unbedingt das findet, was man eigentlich möchte. Folgendes Beispiel soll hier die Vorgehensweise erläutern:

1. Wir wählen die Suchmaschine www.yahoo.com
2. Wir entscheiden uns für die Kategorie "*Science*"
3. Aus dem neuen Menü wird "*Psychology@*" ausgesucht, anschließend "*Journals*"
4. Hier können wir nun direkt auf die Seite der Zeitschrift "*Child Development*" gehen (siehe Abbildung).

Abbildung 2: Ergebnis der Kategorien-Suche:

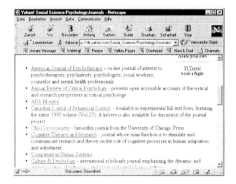

Generell gilt bei Suchmaschinen: Jeder Suchmaschinenanbieter hat zumeist eine andere Benutzeroberfläche oder einen anderen Suchmodus. Dies betrifft vor allem die erweiterten Suchmodi, bei denen zumeist eine spezielle Syntax zu beachten ist. Dazu stehen jedoch entsprechende Verweise auf Hilfe-Seiten zur Verfügung, die in die Benutzung der jeweiligen Dienste einführt[4].

Um eine generelle Übersicht über einen Themenbereich zu erhalten, bietet es sich oftmals an, mehrere Suchmaschinen parallel nach einem oder mehreren Suchbegriffen Ausschau halten zu lassen. Sehr häufig melden Informationsanbieter ihre Seiten nicht bei allen Suchmaschinen an. Diese Seiten werden von den ignorierten Suchrobotern dann eben nicht in die potentielle Trefferliste aufgenommen. Um sich den Aufwand zu ersparen, über mehrere einzelne Suchmaschinen zu recherchieren, sollte bzw. kann man auf sogenannte **Meta-Suchmaschinen** zurückgreifen. Diese durchsuchen verschiedene einzelne Such-Dienstanbieter automatisch parallel und liefern einen zusammengefassten Erfolgsreport. Eine dieser Suchmaschinen ist der "Metacrawler" (www.metacrawler.com), der vollständig über einen Browser funktioniert. Andere installieren zumeist ein kleines Zusatzprogramm auf dem lokalen Rechner, um dann gezielt verschiedenen Informationsdatenbanken zu durchforsten (z. B. Copernic98). Hier eine kleine Liste von Suchmaschinen, die nur

[4] Hat man eine vielversprechende Seiten gefunden, die Hinweise auf andere Quellen enthält, so sollte man ein Lesezeichen (bookmark) setzen. Dies ist ein Verweis, der ein späteres Suchen überflüssig macht und wie in einer Art Inhaltsverzeichnis im Browserprogramm abgelegt und verwaltet werden kann.

pernic98). Hier eine kleine Liste von Suchmaschinen, die nur als beispielhafte Auswahl gedacht ist:

Tabelle 1: Auswahl an Suchmaschinen

Suchmaschine (Sprache)	Adresse
Lycos (deutsch)	www.lycos.de
Fireball (deutsch)	www.fireball.de
Yahoo (deutsch)	www.yahoo.de
Yahoo (englisch)	www.yahoo.com
Altavista (englisch)	www.altavista.com
Altavista (deutsch)	www.altavista.de
Metcrawler (englisch)	www.metacrawler.com
Metacrawler (deutsch)	www.metacrawler.de
Webcrawler (englisch)	www.webcrawler.com

2.3 File-Transfer-Protokoll (FTP)

Mit dem File-Transfer-Protokoll können nur ganze Dateien verschoben werden, ohne dass man vorher den Inhalt einsehen kann. Zumeist werden entsprechende FTP-Dienste beim Herunterladen (download: Die Übertragung einer Datei aus dem Internet auf den eigenen Rechner) automatisch über einen Browser aktiviert (z. B. steuert man den FTP-Server der Universität Heidelberg über ftp://ftp.uni-heidelberg.de an. Man kann sich aber auch über http://ftp.uni-heidelberg.de die Ordnerstruktur ansehen). Mit einem Browser kann man sich generell jede Datei aus dem Internet via FTP auf den lokalen Rechner laden, allerdings ist dies dann eine Einbahnstraße. Möchte man im Gegenzug auf öffentliche Bereiche Dateien hochladen (Upload: Die Übertragung einer Datei vom eigenen Rechner in das Internet), muss man entsprechende FTP-Programme nutzen, die man als Shareware überall (auch vom FTP-Bereich der Universität Heidelberg) beziehen kann. Da FTP per se nicht direkt als Informationsauswahl dient, sondern indirekt über das WWW agiert, soll hier nicht näher darauf eingegangen werden.

2.4 Newsgroups

Ein besonders interaktives Medium im Online-Bereich stellen die News-Groups dar. Mithilfe eines eMail-Browser-Paketes kann man sich entsprechende Newsgroups zu diversen Themen abonnieren. In Newsgroups werden spezielle Themen behandelt, die von allen anderen Abonnenten ebenfalls eingesehen werden können. Oftmals finden sich hier interessante Informationen und Quellen zu weiteren Informationen im WWW. Newsgroups lassen sich - ebenso wie WWW-Angebote - mit Suchmaschinen durchforsten. Eine der bekanntesten Suchmaschinen findet sich hierzu unter der Adresse www.deja.com/usenet , wobei auch mit dem "Metacrawler" (s.o.) Newsgroups durchsucht werden können. Um selbst Newsgroups zu abonnieren benötigt man ein entsprechendes Programm (z. B. den Netscape Messenger) und die Adresse eines entsprechenden News-Servers. Kennt man die Adresse eines solchen Servers (z. B. news.uni-heidelberg.de), so kann man sich dort für entsprechende Newsgroups entscheiden und diese abonnieren. Der Anfang (z. B. "sci") einer News-Groups-Bezeichnung kennzeichnet zumeist die Art des Inhaltes (für "science"), der dem zentralen Inhalt einer solchen Kommunikationsplattform entspricht (wissenschaftliche Inhalte). Auf dem News-Server der Universität Heidelberg werden beispielsweise zehn Newsgroups zum Thema Psychologie angeboten. Interessiert man sich z. B. für aktuelle psychologische Forschung, so kann man sich die Newsgroup "sci.psychology.research" abonnieren.

2.5 EMail und Mailinglisten

Mailinglisten versprechen oft noch in höherem Maße als Newsgroups zuverlässige Informationen. Man unterscheidet zwischen "offenen Mailinglisten", in denen man sich mittels einer eMail oder eines WWW-Formulares registriert und "geschlossenen Listen", bei denen man zunächst einen Verwalter um die Aufnahme in eine solche Liste bittet. Ist man in einer Mailingliste integriert, erhält man aktuelle Informationen und bekommt Stellungnahmen und Hinweise aller anderen Teilnehmer direkt als eMail zugesandt. Mailinglisten findet man am besten über eine Suche im Internet mittels Suchmaschinen. Beispielsweise sind Listen zum Bereich der Pädagogischen Psychologie unter http://ifets.ieee.org/ oder http://lists.asu.edu/cgi-bin/wa zu finden. Die erste hier erwähnte Liste ist eine sogenannte "moderierte" Liste, d. h. eine Person kümmert sich jeweils um den eMail-Verkehr eines Tages und man erhält eine einzelne eMail, die in diesem Falle den Schriftverkehr eines Tages beinhaltet. Die zweite Liste ist nicht moderiert, d. h. hier kommt jede eMail, die an diese Liste geschickt wird, direkt zum Abonnenten. Dies kann bei manchen Mailinglisten zu einer regelrechten "Explodsion" der Mailbox führen. Am besten informiert man sich gründlich über eine Liste und richtet in seinem eMail-Programm entsprechende Filter ein, damit die Informationen schon vorgefiltert und bedarfsgerecht gelesen werden können.

2.6 Chat-Foren und Multi-User Dungeons (MUDs)

Die letzten der hier aufgeführten Dienste im Internet, die als Informationsquelle für psychologische (oder auch nicht-psychologische) Fragestellungen interessant erscheinen, sind die sogenannten Chat-Foren (von "to chat" = plaudern). Innerhalb dieser Foren gibt es ein buntes Bild an Angeboten und Themen, die diskutiert werden. Bei Chats werden der sogenannte Internet-relay-Chat (IRC) und die Webchats unterschieden. Während der IRC spezielle Programme zu seiner Benutzung erfordert (z. B. mIRC), kann man sich bei Webchats mittels eines normalen Browsers beteiligen. Eine Übersicht über Webchats findet sich unter www.chats.de. Über Chats hinaus gibt es noch die Multi-User Dungeons (MUDs). Dies sind zumeist textbasierte synchrone Gesprächsforen, in denen Rollenspiele gespielt werden können. Mittlerweile gibt es jedoch auch Kombinationen von Chats und MUDs, bei denen man sich mittels virtueller Figuren, die man meist selbst kreieren kann, unterhält. Eine Übersicht über Angebote an MUDs befindet sich unter www.mud.de .

2.7 Fazit

Die Möglichkeiten, über das Internet an relevante Informationen zu gelangen, sind mannigfaltig. In erster Linie sind das WWW, eMail-Listen oder Newsgroups als Informationsquellen zu bevorzugen, da man hier gleich abschätzen kann, ob die gewünschten Informationen mit den resultierenden übereinstimmen. Zudem sind diese Angebote direkt über Newsgroups erreichbar und bleiben zumeist über längere Zeit erhalten, so dass zuverlässige Informationen durchaus auch in wissenschaftlichen Beiträgen zitiert werden können (und dürfen; Beispiel für ein Zitat aus einer Online-

Zeitschrift: Reese, A. C. (1998). Implications Of Results From Cognitive Science Research For Medical Education. *Medical Education Online, 3 (1)*. [Available online] http://www.MED-ED-Online.org). Letztlich gilt hier – wie in vielen Bereichen: Der Wissenszuwachs entsteht mit der Nutzung. Durch ständige Nutzung und durch Austausch mit anderen können wohlstrukturierte Sammlungen an Wissen entstehen.

2.8 Weiterführende Literatur

Döring, N. (1999). *Sozialpsychologie des Internet*. Göttingen: Hogrefe.

Krüger, T. & Funke, J. (Hrsg.) (1998*). Psychologie im Internet. Ein Wegweiser für psychologisch interessierte User*. Weinheim: Beltz Verlag.

Batinic, B. (Hrsg.) (2000). *Internet für Psychologen* (2. überarbeitete Aufl.). Göttingen: Hogrefe.

3 Einbezug des Internets in Unterricht und Ausbildung

Grundsätzlich kann man zwei Formen des computer-, bzw. netzbasierten Lernens trennen:

- Fertige Kurssysteme, die im Internet angeboten werden und
- die Verwendung des Internet selbst als Medium der Wissensvermittlung.

Im vorangegangenen Abschnitt wurde erläutert, wie man auf verschiedene Arten unterschiedliche Informationen im Internet suchen und finden kann. Diese Zugangswege sollten Ausbildenden und Lehrern sowie Psychologen und Pädagogen als mögliche Informationsquelle unter anderen zur Verfügung stehen: Generell lohnt es, nach aktuellen Tendenzen und Erkenntnissen pädagogisch-wissenschaftlicher Forschung Ausschau zu halten. Darüber hinaus bieten viele Einrichtungen (z. B. Verlage, Universitäten, Unternehmen, etc.) auch fertige Kurssysteme und Unterrichtsmaterialien an (z. B. Lernsoftware), die in bestehende Unterrichtseinheiten integriert werden können. So kann auf einfachstem Weg eine mediale Bereicherung der Aus- und Weiterbildung erreicht werden.

Eine zweite Möglichkeit des Einsatzes von Internettechnologien stellt die Verwendung des Internets selbst dar. Es ist jedoch dringend zu beachten: Die Bereitstellung eines Zugangs zum Internet stellt an sich noch keine pädagogische oder instruktionspsychologische Maßnahme dar. In diesem Abschnitt soll daher verdeutlicht werden, wie verschiedene Angebote im Internet sinnvoll und lernzielorientiert eingesetzt werden können. Es ist zu beachten, dass die hier skizzierten Möglichkeiten einen beispielhaften Charakter und selbstverständlich keinen Anspruch auf Vollständigkeit haben. Bei den beschriebenen Ansätzen handelt es sich um drei neuere Modelle aus der Lehr-Lerntheorie, die durch das Medium Internet direkt praktiziert werden können: Das Reciprocal Teaching, der Cognitive Apprenticeship Ansatz und die Cognitive Flexibility Theorie.

3.1 Fremdsprachenerwerb via eMail

Eine saloppe Redwendung besagt: "Wenn Du eine Fremdsprache lernen möchtest, dann geh in das Land, dessen Sprache Du lernen möchtest!" Die diesem Satz zugrunde liegende Aussage ist in ihrem Kern völlig berechtigt. Gerade beim Spracherwerb kommt es darauf an, Wissen und Fertigkeiten zu kultivieren und zu praktizieren. Die Anwendung von Wissen, insbesondere im sprachlichen Bereich, wird deutlich, wenn man beispielsweise Jahre nach Beendigung der Schulausbildung und sprachlichem "Nicht-Praktizieren" versucht, aus dem Lateinischen oder Französischen zu übersetzen. Sprache lebt und entwickelt sich durch Anwendung und Interaktion. EMail-Austausch bietet hier eine Möglichkeit, Lernende einerseits durch den Einsatz neuer Medien zu motivieren, andererseits durch die Erschaffung einer situierten und authentischen (d. .h. an die Realität angelehnten oder dieser entnommenen) Lernumgebung möglichen Wissenstransfer zu fördern. Die Kooperation von Schulen im internationalen Austausch ermöglicht beispielsweise die Behandlung von Themen aus Fächern wie Geographie oder Biologie in Kombination mit dem entsprechenden Sprachtraining. Selbstverständlich muss bzw. sollte eine solche Kooperation zwischen einzelnen Schülern oder ganzen Schülergruppen nicht auf eMail-Austausch reduziert werden. Doch gerade in diesem Kontext bietet sich der recht einfache und auch informell zu handhabende Kommunikationskanal im Unterschied zu herkömmlichen "Brieffreundschaften" an.

Ein Modell, das sich auf diese Art der Weiterbildung anwenden lässt, ist das sogenannte "Reciprocal Teaching" (Palinscar & Brown, 1984). Dieser Ansatz beinhaltet einen stetigen Wechsel des Schülers vom Lernenden zum Lehrenden und umgekehrt. Zentrale Idee von Palinscar und Brown war es, das Verstehen von Texten dadurch zu fördern, dass ein Schüler und ein Tutor (dies kann auch ein Schüler sein) wechselseitig einen Dialog über einen zu bearbeitenden Text führen. Der Tutor lässt den Schüler vor dem Lesen eines Abschnittes Vorhersagen über den Text machen, knüpft an das Vorwissen des Schülers an, oder lässt nach dem Lesen den Text zusammenfassen. Nach einem Durchgang wechselt man dann die Rollen, d .h. der Tutor wird selbst zum Schüler und umgekehrt. Durch diese Vorgehensweise konnten effektive Strategien zur Bearbeitung von Texten vermittelt werden. Dieser Ansatz kann gut durch eMail realisiert werden, indem man beispielweise gemeinsam Texte mit eMail verschickt und diese gleichzeitig mit moderierenden Aufforderungen versieht. Allerdings sollte eine Supervision durch einen qualifizierten Lehrkörper erfolgen.

3.2 Fernstudium und eMail-Tutorien

Die Verwendung von eMail als Kommunikationskanal hat mittlerweile auch in den Bereichen des Fernstudium Einzug gehalten. Mittels eMail lassen sich Arbeitsaufgaben an Lernende aus aller Welt versenden. Dokumente – sowohl Lehrinhalte als auch Aufgaben – können als Attachment angehängt werden. Lernende können dann ihre bearbeiteten Aufgaben an den Leiter oder die Tutoren eines Kurses zurückschicken. Diese können wiederum individuelles Feedback geben. Zudem kann durch das Versenden von Musterlösungen ein direkter Vergleich zwischen eigenem Lösungsweg und dem idealen Lösungsprozess ermöglicht werden.

Ein lernpsychologischer Ansatz, der sich mit dieser Form des Lernens verbinden lässt, ist der "Cognitive Apprenticeship"-Ansatz (Collins, Brown & Newman, 1984). Bei diesem (sehr praktischen) Ansatz wird die Tradition der Ausbildung im Handwerk (der Handwerksmeister bildet den Lehrling und Gesellen aus) auf den Bereich intellektueller Tätigkeiten übertragen. Der Lernende soll über authentische (d. h. der Wirklichkeit entnommene oder an diese angelehnte) Aktivitäten und soziale Interaktionen in eine "Expertenkultur" eingeführt werden. Um diese Einführung in eine "Expertise" zu realisieren, stehen sieben praktische Methoden zur Verfügung, die nach- und nebeneinander eingesetzt werden können:

"Modeling": Beim "Modeling" zeigt ein Experte oder Tutor, wie er exemplarische Aufgaben oder Probleme löst. Wichtig ist hierbei, dass der Tutor sein Vorgehen (Denken und Handeln) und die relevanten Schritte genau beschreibt und somit nachvollziehbar prototypische Lösungen demonstriert.

"Coaching": Beim "Coaching" übernimmt der Lernende selbst die Aktion und versucht nun selbst, Probleme oder gestellte Aufgaben zu lösen. Dabei unterstützt der Tutor den Schüler und hilft bei Bedarf, den Prozess weiterzuführen.

"Scaffolding": Kann der Lernende einige Aufgaben nicht alleine lösen und bedarf genereller Hinweise, dann kann der Experte durch gezielte Hinweise Rat geben. Dieses Zeigen von Tipps und Tricks wird im Cognitive Apprenticeship-Ansatz mit "Scaffolding" bezeichnet.

"Fading": Wird ein Lernender im Laufe eines Lernprozesses immer selbständiger und sichererer, zieht sich der Tutor allmählich zurück. Dieses "Ausblenden" wird als "Fading" bezeichnet.

"Articulation": Durch Aufforderungen des Tutors, Denkprozesse und Problemlösestrategien zu artikulieren, werden dem Lernenden gezielt wichtige Prozesse und Schritte verdeutlicht und ins Bewusstsein geführt.

"Reflection": Durch die Reflexion des eigenen Verhaltens wird zusätzlich eine metakognitive Strategie trainiert, die dem Lernenden hilft, bedeutsame Unterschiede im Vorgehen und relevante Verhaltensweisen zu beobachten und zu bewerten und bei Bedarf selbständig zu korrigieren.

"Exploration": Die Unterstützung des Lernenden beim Prozess des Cognitive Apprenticeship endet dadurch, dass der Lernende zum freien Erkunden weiterer Probleme sowie dem weiteren selbstständigen Problemlösen angeregt wird; der Status des "Gesellen" ist sozusagen erreicht.

3.3 Das World Wide Web als Hypertext

Durch den Einbezug von Quellen aus dem WWW können jegliche Art von Informationen in Unterrichtsprozesse eingebunden werden. Hierbei ist jedoch von Seiten der Instruktoren zu beachten, dass nicht generell auf das WWW als Informationsressource hingewiesen werden sollte. Eine Suche von Novizen oder unbedarften Lernern kann sehr schnell zu Frustrationseffekten oder dem damit zusammenhängenden "Lost-In-Hyperspace"-Phänomen[5] führen. Oftmals stellt eine Kombination von bereits vorgegebenen Adressen im WWW mit der Möglichkeit einer lernerseitigen Informationssuche eine optimale Kombination dar. Das Informationsangebot im WWW ist mittlerweile derart groß geworden, dass zu den meisten Themen schon vorstrukturierte Angebote vorhanden sein dürften. Beispielhaft sei hier auf das Angebot www.gwu.edu/~tip hingewiesen. Unter dieser Adresse findet sich ein hypertextueller Überblick über Lehr- und Lerntheorien, der zum selbstgesteuerten Lernen (das Angebot hier eher für Lehrenden) die Unbegleitend zum Unterricht verwendet werden kann. Lernende können sich diesem komplexen Bereich nun unter verschiedenen

---

[5] Das "Lost-in-Hyperspace"-Phänomen umschreibt verschiedene Probleme im Umgang mit hypermedialen Daten. Exemplarische Symptome sind das Nicht-Wissen des eigenen Standortes innerhalb eines Datenbestandes oder die Unwissenheit, wie man zu bestimmten Informationen kommt.

Aspekten nähern und bspw. die einzelnen Theorien aus einer praktischen, einer historischen oder unter der Perspektive der Autoren betrachten. Dies ermöglicht die Bildung eines kohärenten Eindrucks über den Gesamtbereich, der an sich einen hohen Komplexitätsgrad aufweist. Eine Theorie, die das Lernen mit nicht-linearen Medien favorisiert, ist die "Cognitive Flexibility" Theorie.

Die Cognitive Flexibility Theorie ist ein Ansatz, der im wesentlichen auf komplexe Gegenstandsbereiche anzuwenden ist. Mit komplexen Gegenstandsbereichen sind in erster Linie Themenbereiche gemeint, die verschiedene Sichtweisen, Meinungen oder Lösungen eines Problems zulassen. Nimmt man als Beispiel den Gegenstandsbereich "eine HTML-Seite erzeugen", so gibt es verschiedenen Softwarewerkzeuge, die es dem Laien ermöglichen, ein solches Dokument zu erzeugen. Steigt man tiefer in die Materie ein, so wird man sehen, dass verschiedene Werkzeuge unterschiedliche Stärken und Schwächen aufweisen und somit also jedes Werkzeug unter einem bestimmten Anwendungszweck eben vor- oder nachteilhaft sein kann. Ein anderes Beispiel ist die Interpretation von Kunstwerken oder bspw. Filmen, da diese in den allermeisten Fällen individuelle Sichtweisen, Meinungen oder Betrachtungsweisen zuzulassen. In der Cognitive Flexibility Theorie wird diesen Ansätzen in Form von Hypertexten Rechnung getragen. Das heißt, dass ein und derselbe Gesichtspunkt oder Aspekt unter verschiedenen Perspektiven betrachtet werden kann. Spiro und Jehng, zwei der ersten Vertreter dieser Theorie, haben dies am Beispiel des Filmes "Citizen Kane" von Orson Wells demonstriert, indem sie verschiedene Filmsequenzen auf Videodisc mit Hypertexten versehen haben und es so den Betrachtern ermöglichten die gleichen Szenen unter jeweils anderen Gesichtspunkten zu betrachten (Spiro & Jehng, 1990). Der Vorteil dieser Zugangsweise liegt darin, es dem Lernenden zu ermöglichen, die Anwendung des Wissens in verschiedenen Kontexten zu ermöglichen, eben die Flexibilität des eigenen Wissens zu wahren bzw. zu erhöhen. Ein noch einfacheres praktisches Beispiel wäre ein Hypertext, der die Verwendung von verschiedenen Werkzeugen in verschiedenen Anwendungsbereichen darstellt. So könnte man sich die Verwendung von Spaten, Schere und Hammer in den Bereichen Garten, Camping und Heimwerken vorstellen, eine vernetzte Struktur könnte in diesem Fall wie folgt aussehen:

Abbildung 3: Skizze der Realisierung "Multipler Perspektiven"

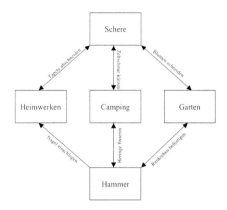

Man muss sich die Kästchen jeweils als eigene Seite (sog. Knoten) vorstellen, die Pfeile stellen mögliche Verweise auf die anderen Seiten dar. Durch die Betrachtung der unterschiedlichen Einsatzmöglichkeiten ein- und desselben Werkzeuges entsteht die Flexibilität. Das Navigieren innerhalb solcher Netzwerke mit der zugrunde liegenden Idee des Lernens unter multiplen Perspektiven wird von Spiro und Jehng als "landscape criss-crossing" bezeichnet, also so etwas wie "in der Landschaft umherspringen". Durch diese Bewegung sieht der Lerner verschiedenste Facetten und erwirbt dadurch "geistige Flexibilität" (siehe auch Exkurs in Abschnitt 5.2).

3.4 Fazit

In diesem Kapitel wurden erste Hinweise gegeben, wie verschiedene Dienste des Internets im Unterricht verwendet werden können. Letztlich können hier jedoch nur ausgewählte Überlegungen skizziert werden. Jedoch gerade die geschilderten Ansätze des Reciprocal Teaching, des Cognitive Apprenticeship und der Cognitive Flexibility Theorie zeigen auf, dass sich durch das Medium Internet verschiedenste Formen neuerer Lehr-Lern-Ansätze realisieren lassen. Letztlich bleibt es selbstverständlich den Unterrichtenden offen, ob und wie sie das Medium Internet nutzen wollen. Es stehen jedoch verschiedenste Ressourcen und technische Möglichkeiten zur Verfügung, auf die zurückgegriffen werden kann, ohne dass Lehrende selbst Material für das Internet produzieren oder sich mit allzu komplizierter Technik auseinandersetzen müssen. Dennoch sollte die Wahl der Unterrichtstrategie im Vordergrund stehen. Erst die theoretische und praktische Fundierung einer Methode macht den Einsatz neuer Technik im Unterricht sinnvoll. Die Theorie sollte über der Technik stehen, wobei einer gemeinsamen Entwicklung von beiden im Sinne einer Evolution nichts im Wege stehen sollte.

3.5 Zitierte und weiterführende Literatur

Collins, A., Brown, J. S. & Newman, S. E. (1989). Cognitive Apprenticeship: Teaching the crafts of reading, writing, and mathematics. In L. B. Resnick (Ed.), *Knowing, learning, and instruction* (pp. 453.494). Hillsdale, NJ: Lawrence Erlbaum.

Gerdes, H. (1997). *Lernen mit Text und Hypertext*. Berlin: Pabst.

Kuhlen, R. (1991). *Hypertext. Ein nicht-lineares Medium zwischen Buch und Wissenschaft*. Heidelberg: Springer.

Palinscar, A. S. & Brown, A. L. (1984). Reciprocal teaching of comprehension fostering and comprehension-monitoring activities. *Cognition and Instruction, 1,* 117-175.

Schulmeister, R. (1997). *Grundlagen hypermedialer Lernsysteme. Theorie-Didaktik-Design* (2. Aufl.). München: Oldenbourg.

Spiro, R. J. & Jehng, J. C. (1990). Cognitive flexibility and hypertext: Theory and technology for the nonlinear and multidimensional traversal of complex subject matter. In D. Nix & R. J. Spiro (Eds.), *Cognition, education, and multimedia: Exploring ideas in high technology* (pp. 163-205). Hilldale, NJ: Lawrence Erlbaum.

4 Kooperation und Kollaboration im Netz

Informationsaustausch und Diskussion sind ein fruchtbarer Boden, auf dem neue Ideen und Gedanken heranreifen und gedeihen können. Gruppenpädagogische Konzepte bleiben in der heutigen Informationsgesellschaft nicht mehr auf "analogen" Austausch beschränkt, sondern können auch in der "digitalen" Welt praktiziert werden. Unstrukturierte oder teilstrukturierte Kollaborationsformen wurden bereits in Kapitel 2 vorgestellt. Diese umfassen in erster Linie den Austausch mit eMail, die Beteiligung in Newsgroups oder der Online-Chat in entsprechenden Foren. Um jedoch effizienter und geordneter zu kooperieren, wurden mittlerweile eine Unzahl von verschiedenen Lösungen in Form von Programmen und technischen Standards entwickelt. Diese ermöglichen eine geordnete und strukturierte Kooperation über Datennetze, die auch vor dem Zugriff durch dritte Parteien geschützt bleiben. Im Wesentlichen unterscheidet man im Online-Bereich zwischen asynchroner (also zeitlich versetzter) und synchroner Kooperation (zur gleichen Zeit). Diese Bereiche sollen im Folgenden anhand kostenloser und frei verfügbarer Programmlösungen näher dargestellt werden. Um Missverständnissen vorzubeugen, sollen die Begriffe Kooperation und Kollaboration voneinander abgegrenzt werden: Während mit Kollaboration die gemeinsame Arbeit an EINEM Aspekt oder Produkt gemeint ist, umfasst Kooperation eine Zusammenarbeit, die nicht zwangsläufig diese Einschränkung aufweist. Für die Darstellung der synchronen und asynchronen Zusammenarbeit im Rahmen dieses Buches ist diese Unterscheidung eher zu vernachlässigen.

4.1 Synchrone Kooperation

Die Kooperation zur gleichen Zeit an einem oder verschiedenen Orten wird als synchrone Kooperation oder Kollaboration bezeichnet. Im wesentlichen eignet sich diese Form zur Verständigung über verschiedene Orte hinweg, erfordert jedoch eine gemeinsame Terminabsprache. Bedarf an dieser Form der Kommunikation besteht in erster Linie dann, wenn die Anforderungen einer Weiterbildungsmaßnahme beispielsweise eine direkte Rückmeldung oder das gemeinsame Arbeiten an ein- und demselben Produkt erfordern. Ein einfaches Beispiel für synchrone Kommunikation ist die Verwendung des Telefons: Zwei Personen diskutieren miteinander und geben sich beispielweise gegenseitig Tipps und Informationen zur Bewältigung eines geplanten Examens. Ein höherer technischer Aufwand wird dann notwendig, wenn mehr als zwei Personen miteinander kommunizieren müssen. Hier kann beispielweise eine Telefonkonferenz den einfacheren Bedürfnissen gerecht werden. Eine preisgünstigere Alternative im Bereich des Internets ist die Möglichkeit der Nutzung von Chats.

In Chats ist es möglich, auf einfacher textbasierter Weise verschiedene Informationen auszutauschen und zu diskutieren. Ähnlich jedoch wie bei Telephonkonferenzen ist hier eine Strukturierung und Moderation der Beiträge notwendig; und eine dadurch organisatorisch begrenzte Teilnehmerzahl schränkt diesen Kommunikationskanal ein.

Eine weitere Möglichkeit, via Internet Daten auszutauschen und in Gruppen synchron zu kommunizieren, bieten sogenannte Konferenzsysteme, innerhalb derer verschiedene Werkzeuge zur gemeinsamen Arbeit und Kommunikation zur Verfügung stehen. Ein Werkzeug, welches kostenlos in diesem Bereich zur Verfügung steht, ist Microsoft Netmeeting.

Exemplarisch ist im Folgenden die Verwendung eines Chats und einer Konferenzsoftware vorgestellt. Jeweilige Vor- und Nachteile werden erörtert.

4.1.1 Synchrone Kommunikation mit Chats

Chats (von englisch: to chat = plaudern) eignen sich zur Kommunikation in Kleingruppen. Die technische Realisierung bzw. Nutzung von Chat-Systemen ist jedoch abhängig von einem Server, der mit dem Internet verbunden ist. Generell unterscheidet man bei Chats zwischen zwei technisch unterschiedlich realisierten Versionen. Zum einen gibt es den Internet-Relay Chat (IRC), der eigentlich gar nicht zu den engeren Diensten des Internets gehört, sondern eine eigene Plattform darstellt. Zur Benutzung dieser Chat-Variante werden Programme benötigt, mittels derer man sich in entsprechende Chats einbringen kann (z. B. mIRC). Eine zweite Variante stellen die sogenannten Web-Chats dar. Web-Chats sind kleine Java-Programme, die man in HTML-Seiten einfügen kann und die über einen herkömmlichen Browser angesteuert und benutzt werden können. Diese sind für Lehr-Lernzwecke - gerade auch für den

Anfänger - wesentlich einfacher zu realisieren. Mittels verschiedener WWW-Seiten (z. B. www.builder.com oder www.developer.com) kann man sich beispielsweise fertige Chat-Anwendungen (meist als Java-Applets) auf eigene Ressourcen übertragen. Für kurzfristige Verabredungen kann auch auf bereits vorhandene Ressourcen zurückgegriffen werden. Komplizierter wird die Nutzung des Internet-Relay-Chat, weil man hierzu in den allermeisten Fällen ein entsprechendes Zusatzprogramm benötigt, mit dem an den entsprechenden Chat-Sitzungen teilnehmen kann. Bei rein Javabasierten Chat-Anwendungen genügt, wie bereits beschrieben, ein normaler Browser.

Abbildung 4: WebChat und Internet-Relay-Chat mit mIRC.

Die Verwendung von Chats zu Lehr- und Lernzwecken ist unter ähnlichen Voraussetzungen möglich wie beispielsweise eMails oder asynchrone Diskussionsforen. Insbesondere zwei Lehr-Lern-Ansätze lassen sich durch diese Art der synchronen Kommunikation umsetzen: Das Reciprocal Teaching und der Cognitive Apprenticeship Ansatz (siehe Kapitel 3 in diesem Buch). Darüber hinaus eignen sich Chats zu Brainstorming-Phasen sowie zur knappen Beantwortung kurzfristig auftretender Probleme. Vorteile der Verwendung von (Web-)Chats sind die einfache Verfügbarkeit und Bedienung sowie die Kommunikation in der Kleingruppe über große Distanzen hinweg. Zudem können Diskussionen und Gespräche sehr leicht abgespeichert werden und somit auch zu einem späteren Zeitpunkt zur Verfügung stehen. Retrospektiv kann man anhand dieser Aufzeichnungen Kommunikations- und Entscheidungswege nachvollziehen.

Allerdings sind mit einfachen Chats als Kommunikationsplattform verschiedene Probleme verbunden. Es ist einerseits ein erhöhter Planungsaufwand bei der Terminabsprache notwendig. Hierfür bietet es sich an, feste Termine zu wahren. Zu größeren

Problemen kann dies führen, wenn verschiedene Teilnehmer in unterschiedlichen Zeitzonen partizipieren sollen. Ein wesentlich größeres Problem stellt der Aufwand bei der Strukturierung der Kommunikation dar: Durch die textbasierte Kommunikation kann sehr schnell ein regelrechtes Durcheinander einzelner Beiträge zustande kommen, bei dem man schnell den Überblick über Antworten auf einzelne Fragen oder Gesprächszusammenhänge verlieren kann. Aufgrund dieser Schwierigkeit reduziert sich auch die Teilnehmerzahl. Sie sollte sich am ehesten in einem Rahmen von zwei bis sieben Teilnehmer bewegen. Sehr günstig wirkt sich eine Moderation dadurch aus, dass a) die Gefahr eines sprachlichen Durcheinanders aus dem Weg geräumt werden kann und dass b) die aktive Beteiligung der einzelnen Teilnehmer forciert werden kann. Ein weiterer wesentlicher Nachteil bei Chats liegt an der eingeschränkten Art und Weise, die sich aus dieser textbasierten Kommunikation ergibt. Das Tippen ist eine eingeschränktere Kommunikationsform als die natürliche Sprache. Außerdem lassen sich gerade komplexe Zusammenhänge oder Beispiele meist nicht durch reines textbasiertes Kommunizieren verdeutlichen. Eine Lösung für diese Probleme und Anforderungen bieten Konferenzsysteme, die zumeist eine Chat-Funktion implementiert haben. Ein Beispiel hierfür ist die Software Microsoft Netmeeting, die kostenlos zur Verfügung steht.

4.1.2 Synchrone Kommunikation mit Microsoft Netmeeting

Microsoft Netmeeting stellt eine Form der Konferenzsoftware dar, die verschiedene Funktionen in einem Programm zusammenführt. Zu den einzelnen Komponenten gehören die Übertragung von Videobildern, die Übertragung von Gesprächen, Chat, Whiteboard und das Freigeben von Anwendungen. Während die Anwendung von Chats im vorangegangenen Kapitel erläutert wurde, soll hier insbesondere der Mehrwert durch die anderen Bestandteile des Programms erläutert werden. Durch die Übertragung von Audio ist es in Netmeeting möglich, direkt über das Internet mit anderen Teilnehmern bei einer Konferenz zu sprechen. Die Audioübertragung erfolgt dabei durch ein Mikrofon und bietet somit eine (wenn auch qualitativ etwas schlechtere) Alternative zum Telefon. Die Verwendung der Audio-Übertragung erfordert jedoch ein hohes Maß an Selbstkontrolliertheit und ist zudem nur zwischen je zwei Teilnehmern gleichzeitig möglich. Bei Bedarf kann das jeweilige Videobild eines Teilnehmers übertragen werden, wobei dies in den allermeisten Fällen in Lehr-Lern-

Kontexten eine eher untergeordnete Funktion haben dürfte, auf die zugunsten einer schnelleren Datenübertragung der anderen Funktionen verzichtet werden kann. Ein nützliches Werkzeug für die tatsächliche Kollaboration ist das Whiteboard ("Tafel"). Hier können Textdokumente eingelesen werden, gemeinsam gezeichnet, getextet oder einfach nur auf besondere Sachverhalte gezeigt werden. Besonders interessant ist die Möglichkeit, in Netmeeting kollaborativ an anderen Programmen zu arbeiten. Durch eine Freigabeoption kann jede beliebige Software bzw. deren resultierende Produkte den Teilnehmern einer Konferenz gezeigt werden und sogar die Mitarbeit an dem jeweiligen Dokument eingeräumt werden. So kann beispielsweise ein Tutor die Funktionsweise von Word erläutern, indem er laut redet oder auch "tippend" be-schreibt, während etwaige Lernende synchron die jeweiligen Schritte im Programm (welches auf dem Rechner des Tutors läuft) mitverfolgen. Ein nächster möglicher Schritt ist dann, dass jeweils ein Lernender die Kontrolle des Programms übernimmt und beispielsweise eine gestellte Aufgabe bearbeitet.

Abbildung 5: Eine Netmeeting-Sitzung

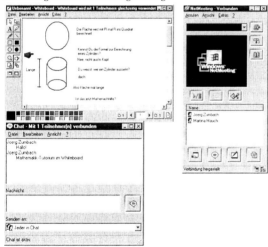

Auch diese Form der synchronen Zusammenarbeit ist mit erheblichen Nachteilen be-haftet, welche sich durch einen erhöhten Koordinationsaufwand und eine begrenzte Teilnehmerzahl bemerkbar macht. Außerdem ist auch hier das Problem unterschiedlicher Zeitzonen zu berücksichtigen. Um Probleme mit zeitlich eng begrenzten Terminabsprachen und extremen Zeitunterschieden zu vermeiden, sollte auf zeitlich versetzte, also asynchrone Kooperation zurückgegriffen werden. Auch sollte für die Verwendung von Netmeeting gegebenenfalls auf eigene Server-Lösungen zurückgegriffen werden. Standardmäßig kann man sich mit Netmeeting an mehreren Servern von Microsoft anmelden. Um jedoch ungestört zu bleiben, sollte man eigene Lösungen in Form eines eigenen "Netmeeting-Verzeichnis-Servers" finden. Generell funktioniert ein Netmeeting-Server wie eine Art Telefonzentrale. Man meldet sich beim Programmstart am jeweiligen Standort an und wird dann verzeichnet bzw. hat eine Übersicht über die möglichen Teilnehmer einer Konferenz. Um ungestörte Netmeeting-Sitzungen abhalten zu können, sollte auf jeden Fall auf eine eigene Lösung zurückgegriffen werden (d. h. man hat seinen eigenen Verzeichnisserver).

Am Rande sei noch erwähnt, dass gerade bei Chats (aber auch bspw. in eMails) Kürzel gebräuchlich sind, die sowohl persönliche Stellungnahmen und Eindrücke als auch Emotionen (sogenannte Emoticons) mit wenigen Tastenkombinationen abkürzen. Das bekannteste ist wohl der Smile ;-), mit dem man ein Augenzwinkern symbolisiert. Eine sehr gute Übersicht über nationale und internationale Abkürzungen und Emoticons, die bei Chats benutzt werden, findet sich im Chat-Lexikon unter http://www.nofronts.de/chat.htm .

4.2 Asynchrone Kooperation

Mit asynchroner Kooperation ist die zeitlich versetzte Zusammenarbeit von zwei oder mehreren Mitgliedern einer Gruppe gemeint, die an einem oder mehreren Projekten arbeiten. Die bekannteste Form dieser Kommunikation ist der eMail-Verkehr. Darüber hinaus gibt es Newsgroups, Diskussionsforen oder ganze Kollaborationsumgebungen, die sich alle unter dem Begriff Groupware zusammenfassen lassen. Die einfachste technische Lösung, via eMail kollaborativen Unterricht zu betreiben, erreicht jedoch schon bald ihre Grenzen. Bei größeren Projekten oder umfangreichem Datenmaterial sind dieser Kommunikationsform Grenzen gesetzt. Gerade auch dann, wenn man bereits erledigte Arbeitsergebnisse auf einen Blick betrachten möchte, kann es bei eMail schnell unübersichtlich werden. Eine einfache Möglichkeit, asynchrone Kollaboration über das Datennetz zu verwirklichen, ist das Einrichten sogenannter Diskussionsforen. Diese bieten zumeist eine Oberfläche, die durch

Formulare gekennzeichnet ist und eine einfache Diskussion zulassen. Möchte man jedoch über die Textebene hinaus und beispielweise gemeinsam mittels Software irgendwelche Produkte erstellen, diese gemeinsam bearbeiten, kommentieren etc., dann muss man auf spezielle Serversysteme zurückgreifen. Beispiele für kostenlose Werkzeuge, die gemeinsame Arbeit an einem Projekt und einen selbstgesteuerten Zugriff durch die Kooperierenden erlauben, sind die hier exemplarisch dargestellten Programme BSCW und WebX.

4.2.1 BSCW

Das Produkt BSCW (Basic Support for Collaborative Work) wurde von der GMD in Darmstadt entwickelt und ist eine WWW-basierte Plattform, die vom Nutzer durch einen WWW-Browser in Verbindung mit einem eMail-Programm benutzt werden kann. Das Programm selbst sollte von einem WWW-Administrator auf einem Webserver installiert werden. Entsprechende Anfragen können an den Hersteller gerichtet werden. An dieser Stelle soll nur auf die Funktionalität dieses Systems aus Nutzersicht eingegangen werden.

Im BSCW meldet man sich als neuer Nutzer an, indem man entweder direkt aus einem Browser sich an der Anmeldeschnittstelle anmeldet (der URL muss natürlich bekannt sein) oder durch einen bereits existierenden Benutzer in das System eingeladen wird. Die Registrierung erfolgt dann über eMail-Verkehr, der vom System selbst automatisch verwaltet und koordiniert wird.

Abbildung 6: Die Oberfläche (Ordnerstruktur) von BSCW

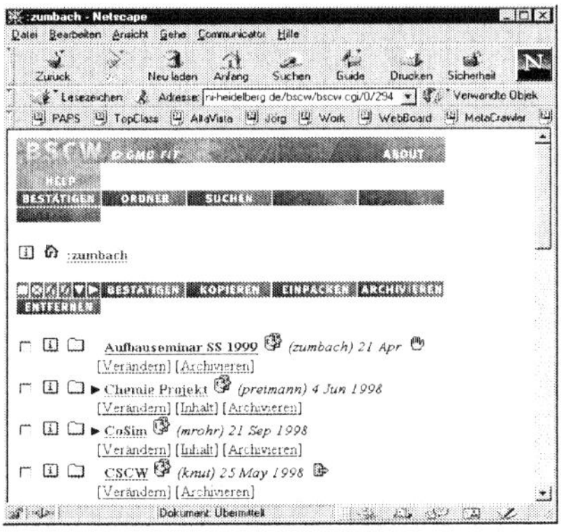

Ist eine Person angemeldet, findet sie sich in einem Online-Dateiarchiv wieder, das den Dateiarchiven der meisten Betriebssysteme entspricht. Wurde man in das System eingeladen, so sieht man bereits einen (oder mehrere) Ordner, in denen sich alle möglichen Dokumente, URLs, Notizen oder Kommentare befinden können. Meldet man sich als neuer Benutzer an, so findet man keine weiteren Verzeichnisse. Jeder Nutzer kann jedoch selbständig Ordner erzeugen und in diese Ordner neue Dokumente (Ordner, HMTL-Dateien, Notizen, etc.) einfügen.

Abbildung 7: BSCW-Archiv mit verschiedenen Dateitypen

Um jedoch kooperieren zu können, ist es notwendig, dass Kooperationspartner in diesen Ordner (innerhalb dessen kooperiert werden soll) als Mitglied eingeladen werden. Ist dies einmal getan, so haben die jeweiligen Mitglieder einer Arbeitsgruppe die Möglichkeit, Materialien zu ergänzen, Kommentare abzuliefern, "analoge" und "virtuelle" Kooperationstreffen einzuberaumen oder neue Dokumente in den Kooperationsraum einzufügen. Mittels einer Zwischenablage ("Koffer") können auch Dokumente kopiert, verschoben oder durch einen "Mülleimer" entfernt werden. Mithilfe einer durchdachten Strukturierung eines solchen Ordnersystems und einer eindeutigen Bezeichnung und Namensgebung können so mehrere Personen gemeinsam an einem Projekt arbeiten. Dementsprechend gilt auch, dass man sich auf eine gemeinsame Ebene von Programmen einigt: Erstellt beispielsweise jemand eine Datei mit einer neueren Version eines Textverarbeitungsprogramms, kann dies unter Umständen nicht vom Kooperationspartner gelesen werden. Am besten einigt man sich auf den kleinsten gemeinsamen Nenner oder verfasst Dokumente grundsätzlich mit einem HTML-Editor, da hier der Inhalt auch gleich im Browser angezeigt werden kann. Durch die Vergabe von Symbolen macht dabei das System jeden Nutzer darauf aufmerksam, was er bereits eingesehen hat und was sich durch eigene oder durch andere Zugriffe an dem Projekt geändert hat. Dadurch können Änderungen sofort eingesehen und nachvollzogen werden. Zusätzlich besteht bei BSCW auch noch die Möglichkeit auf ein internes synchrones Chat-Programm zurückzugreifen, so dass bei Bedarf Treffen auch dort verabredet werden können.

4.2.2 Web- Crossing

Das Server-System Web Crossing ist ebenfalls den hauptsächlich asynchronen Kommunikationsplattformen zuzurechnen, auch wenn es durch einen integrierten Chat die Möglichkeit der synchronen Kommunikation bietet. Das System kann direkt von der Web-Seite des Herstellers (http://webcrossing.com) als Demoversion bezogen werden und ist für Schulen und Universitäten kostenlos. Mit Web Crossing hat man die Möglichkeit, verschiedene Diskussionsgruppen aufzubauen oder an ihnen teilzunehmen.

Abbildung 8: Einstiegsseite von Web Crossing

Im wesentlichen besteht das System aus einer Art Plattform für Diskussionen, zu denen Beiträge aller Art oder neue Diskussionen hinzugefügt werden können. Zusätzlich zu Diskussionsbeiträgen können auch Dokumente beliebiger Art in entsprechende Diskussionen eingefügt werden. Bei Bedarf kann ein Benutzerbild eines jeden

Nutzers zu seinen Beiträgen eingeblendet werden, man sieht sich also. Ein Beispiel für einen –an Newsgroups erinnernden Diskussionsfaden- ist der folgenden Abbildung zu entnehmen.

Abbildung 9: Diskussion mit Web Crossing

Durch eine organisierte Benutzerverwaltung und der Möglichkeit, einzelne Diskussionen zuzulassen sowie verschiedene Diskussionen parallel verlaufen zu lassen, eignet sich dieses System zur asynchronen Kommunikation und letztlich auch zur Kollaboration. Als synchrone Komponente steht die Möglichkeit eines oder mehrer Chats zur Verfügung, die zum System gehören.

4.3 Fazit

Das Internet bietet verschiedene Möglichkeiten miteinander zu kommunizieren. Man unterschiedet bei der Computer-Mediated Communication (CMC) generell zwischen der synchronen Kommunikation (zur gleichen Zeit) z. B. in Chats oder Konferenzsystemen und der asynchronen Kommunikation (zeitversetzt z. B. mittels eMail, Newsgroups oder Groupware). Zeitgleiche Kommunikation bietet sich dann an, wenn unmittelbare Probleme diskutiert werden oder die direkte Antwort eines Gesprächspartners notwendig ist. Problematisch ist hier jedoch, dass die Teilnahme an synchronen Treffen eine gewisse Diszipliniertheit der Teilnehmer voraussetzt und gegebenenfalls eine Moderation notwendig ist. Außerdem können Teilnehmer, z. B. in Chat-Sitzungen, sehr schnell den Diskussionsfaden oder generell die Übersicht verlieren. Dies ist auch ein Problem, wenn man auf das asynchrone Medium eMail zurückgreift. Hier leisten spezielle Serverlösungen Abhilfe, durch die die zeitlich versetzte Kommunikation strukturiert wird. Insbesondere bei Schwierigkeiten einen gemeinsamen Zeitpunkt zu finden, bei dem sich Lernende im Internet treffen können oder bei einer längerfristigen Aufgabenbearbeitung kann auf solche System zurückgegriffen werden. Allerdings stellen letztere Ansprüche an eine gewisse Mindestvoraussetzung bezüglich der verfügbaren Hardware, da ein eigener Server vorausgesetzt wird. In jedem Fall gewinnt das Lehren und Lernen mit dem Internet eine soziale Verankerung. Im Hinblick auf die gegenwärtig übliche Verfahrensweise, bisher auf lokalen Rechnern vorhandene CBTs (Computer-basierte Trainingsprogramme) im Internet zu präsentieren, ein deutlicher Fortschritt. Lernen resultiert nicht zuletzt aus der sozialen Kommunikation zwischen Lernenden und Lehrenden. Diesen Anforderungen werden Lernumgebungen im Internet, die rein auf einer Mensch-Maschine-Interaktion beruhen, nicht gerecht (siehe hierzu auch Kapitel 11). Die im wesentlichen kostenlos verfügbare Software bietet eine solide Grundlage, um Kollaboration und Kooperation mit bisherigen Lernangeboten zu verbinden. Aus individuellen Lernern werden Lerngruppen; das Internet hilft, den rezeptiven Prozess um den kommunikativen Prozess zu erweitern.

4.4 Weiterführende Literatur

Burger, C. (1997). Groupware. Kooperationsunterstützung für verteilte Anwendungen. Heidelberg: dpunkt.

Döring, N. (1999). Sozialpsychologie des Internet. Göttingen: Hogrefe.

Ott, R. & Wilkens, F. (1999). Microsoft Internet Explorer 5.0 auf einen Blick. München: Microsoft Press.

Thimm, C. (Hrsg.) (1999). Soziales im Netz. Sprache, soziale Beziehungen und Identität im Internet. Wiesbaden: Westdt. Verlag.

5 Webdesign für Anfänger

Eine Möglichkeit um viele Adressaten mit Informationen und verschiedenen Angeboten zu erreichen ist eine Publikation im WWW. Zu Beginn dieses Abschnittes
erneut eine kurze Einführung in das Vokabular. Mit "Webdesign" wird das Verfassen, Gestalten, Aktualisieren und Planen von Angeboten im World Wide Web bezeichnet. Dies umfasst sehr viele verschiedene Tätigkeiten, die alle unter diesem
Sammelbegriff zusammengefasst werden. Exemplarisch gehören hierzu:

- Das Verfassen von text-basierten Inhalten.
- Das Gestalten von Graphiken mit einem Graphikprogramm.
- Das Kombinieren von Text und Graphik zu einem Seitenlayout.
- Das Planen und Überwachen von Verknüpfungen zwischen verschiedenen Sei-
ten.
- Das Zuschneiden auf eine bestimmte Zielgruppe.
- Das ständige Aktualisieren und Verfügbarmachen von Informationen.
- Diverse andere Aufgaben (z. B. Datenbankanbindung; Benutzerkonten einrich-
ten etc.).

In diesem Kapitel sollen die technischen und gestalterischen Grundlagen zur didak-
tisch aufbereiteten Präsentation von Informationen im WWW dargestellt werden.
Anhand kostenlos verfügbarer Software wird Schritt für Schritt der Aufbau von
HTML-Seiten dargestellt. Derart erzeugte Seiten können dann sowohl für individuel-
les Lernen als auch als Grundlage für Diskussionen oder andere Formen des Kom-
munizierens oder Lernens in Gruppen verwendet werden.
Zunächst jedoch die Grundlage für WWW-Präsentationen: Das Gestalten einer
HTML-Seite.

5.1 Allgemeines zur HTML-Seite

Eine Seite, die im HTML-Format (Hypertext Markup Language) erstellt wird, hat den Vorteil, dass sie - einmal im Internet verfügbar - von nahezu jedem Betriebssystem und jedem Rechner weltweit so eingesehen werden kann, wie der jeweilige Autor dies festgelegt hat. Der Einfachheit wegen bedient man sich mittlerweile sogenannter WYSIWYG-Editoren (What You See Is What You Get), um Seiten in der Programmiersprache HTML zu erzeugen. Viele dieser Programme sind kostenlos im Internet verfügbar oder sind schon in den Browser integriert (z. B. Netscape Composer im Communicator Paket ab Version 4 www.netscape.com oder Microsoft Front-Page Express beim Internet Explorer ab Version 4 unter www.microsoft.com). Ebenso gibt es mittlerweile unzählige kommerzielle Programme, die zumeist eine wesentlich bessere Funktionalität und vielfältigere Optionen zum Editieren der Dokumente bieten. Exemplarisch sei hier auf die Produkte FrontPage 98 von Microsoft oder Macromedia Dreamweaver (www.macromedia.com) verwiesen.

Um eine HTML-Seite zu erstellen, benötigt man in der Regel - wie bereits in der Einführung zu dieser Einheit ersichtlich wurde - nicht nur den Editor, sondern mehrere Programme. Die folgende Tabelle stellt einen kleinen "Web-Baukasten" dar, mit dessen Hilfe man kostenlos nahezu alle benötigten Aspekte abdecken kann und auf die auch im folgenden Kontext zurückgegriffen wird.

Tabelle 2: Ein kleiner kostenloser Webbaukasten

Werk-zeug für	Name	Quelle	Erläuterung
HTML	Netscape Composer Microsoft FrontPage Express	www.netscape.com www.microsoft.com	WYSIWYG-HTML-Editoren
Graphik	Paint Shop Pro 5.0	http://www.jasc.de/download.htm	Programm zur Erstellung Internet-tauglicher Graphiken
FTP (File Transfer Protocol)	FTP-Voyager	www.shareware.com	Dateiübertragung vom lokalen Rechner auf den Speicherplatz im Internet.

Mit diesen Programmen in Zusammenarbeit mit einem Browser ist es nun möglich, Schritt für Schritt eine Hypertext-Markup-Language Seite zu erstellen.

5.2 Exkurs: Hypertext Markup Language – Was ist das eigentlich?

Bereits in Kapitel 1 wurde darauf hingewiesen, dass HTML eigentlich eine Programmiersprache ist, die vom Browser verstanden und für den Nutzer betrachtungsfreundlich umgesetzt wird (daher Language). Was bedeutet aber Hypertext Markup? Das WWW selbst ist zunächst ein immenses Sammelsurium von textbasierten Seiten. Diese Seiten sind im Gegensatz zu einem Buch, welches linear Seite für Seite durchgeblättert werden muss, nicht-linear miteinander verknüpft. Der Nutzer muss somit nicht jede einzelne Seite durchlesen, sondern kann besonders gekennzeichnete (Markup) Worte durch einen Mausklick wählen und gelangt unter Umständen an eine völlig andere Textstelle. Diese nicht-linearen Texte werden als Hypertexte bezeichnet und sind in dieser Form nur im digitalen Bereich realisierbar. Eine Übersicht über verschiedene Textformen gibt die folgende Abbildung (das Dreieck repräsentiert den Bereich "Hypertext").

Abbildung 10: Einstufung verschiedener Textformen.

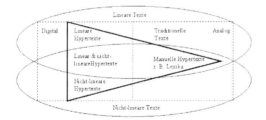

Aus Zumbach, J. (1999). Wissensvermittlung durch computerbasierte Lernumgebungen. Gestaltung und Evaluation von Lernumgebungen für lokale Anwendungen und das World Wide Web. St. Augustin: Gardez, S. 22.

Eine Seite, von der man auf eine andere Seite verwiesen wird, nennt man in diesem Kontext einen "Knoten", den Verweis dann selbst "Kante" oder "Link". Man bewegt sich in Hypertexten demnach, indem man durch eine Kante von Knoten zu Knoten springt. Der Unterschied zwischen linearer und nicht-linearer Navigation soll in der folgenden Abbildung verdeutlicht werden.

Abbildung 11: Knoten, Hyperlinks, lineare und nicht-lineare Navigation in einem Hypertext.

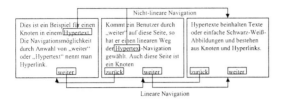

Aus Zumbach, J. (1999s). Wissensvermittlung durch computerbasierte Lernumgebungen. Gestaltung und Evaluation von Lernumgebungen für lokale Anwendungen und das World Wide Web. St. Augustin: Gardez, S. 23.

In der Regel ist mit der Bezeichnung "Hypertext" die Kombination von einfachen Schwarz-Weiß-Abbildungen mit Texten gemeint. Erfolgt die Einbindung von Graphiken, Video oder Ton, so spricht man von "Hypermedia".

5.3   Erstellung einer HTML-Seite Schritt für Schritt

Das für die nachfolgende Beschreibung der Erstellung einer HTML-Seite verwendete Werkzeug ist der "Netscape Composer"[6]. Wird dieser gestartet, erscheint zunächst eine leere Seite, in die beliebiger Text wie bei einem Textverarbeitungsprogramm getippt oder kopiert werden kann. Ein sehr wichtiger Schritt während eines Entwicklungsprozesses ist - so ein Rat aus "leidvollen" Erfahrungen" - die umgehende Abspeicherung der Seite. Damit ist die Seite gesichert und die getane Arbeit bleibt auch bei einem Rechnerabsturz erhalten. Das Speichern erfolgt durch den Menüaufruf "Datei" und "Speichern unter...". Es empfiehlt sich, im weiteren Prozess immer wieder einmal auf "Speichern" zu klicken. Beim ersten Speichern wird der Benutzer nach einem Seitentitel gefragt. Hier ist zu beachten, dass dieser Titel auch meistens im Browserfenster erscheint und daher vielsagend und korrekt gewählt werden sollte.

---

[6] Hier könnte auch Microsoft FrontPage Express verwendet werden. Da der Netscape Composer sozusagen den "kleinsten gemeinsamen Nenner" darstellt und die Vorgehensweise bei beiden Programme nahezu identisch ist, wird hier die Seitengestaltung mit dem Netscape-Produkt beschrieben.

5.3.1 Der Hintergrund einer Seite

Als erstes wenden wir uns dem Hintergrund einer Seite zu. Grundsätzlich ist jedes Element auf einer Seite (auch die Seite selbst und deren Hintergrund) durch ein Menü modifizierbar, das durch einen rechten Maustastenklick auf dieses Element erscheint. Ein zweiter Weg zur Veränderung eines Elements geht über die "Format"-Option in der "Titelzeile". Ein rechter Mausklick führt jedoch direkter und schneller zum Ziel. Klickt man mit der rechten Taste auf den Hintergrund und wählt die Option "Page Properties..." (Seiteneigenschaften), so erscheint folgendes Menü:

Abbildung 12: Seiteneigenschaften

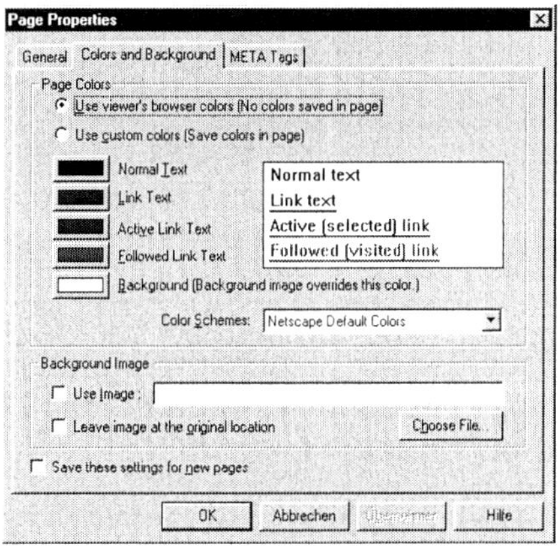

Hier können die einzelnen Farben für Text, Verweise (Links) und den Hintergrund gewählt werden. Generell gilt hier die Regel, dass die Kombination der Farben grundsätzlich leserlich sein sollte. Dies wird vor allem durch einen guten Kontrast zwischen Hintergrund und Schriftfarbe erreicht.

Möchte man den Hintergrund jedoch nicht mit einer Farbe ausfüllen, so kann man auf ein Muster oder ein Bild zurückgreifen. Dieses wird -vergleichbar zu einer Kachelwand - neben- und übereinander angezeigt, so dass der ganze Seitenhintergrund im Browser bedeckt ist. Grundsätzlich kommen als Bildformat für das Internet nur zwei Dateitypen in Frage: Das sogenannte GIF und das JPG (oder JPEG). Diese Bezeichnungen sind gleichzeitig die Datei-Extension (z. B. eine Datei mit dem Namen angel.gif ist eine GIF-Datei). Beispielhafte und gebrauchsfertige Hintergrundbilder findet man entweder im WWW (z. B. http://msdn.microsoft.com/downloads/images/ toc.htm oder http://www.ncsa.uiuc.edu/SDG/Software/mosaic-w/coolstuff/Backgrnd /index.html) oder in entsprechenden ClipArt-Sammlungen. Die folgende Abbildung zeigt als Beispiel das ursprüngliche Bild und die Seite im Browser, nachdem es als Hintergrundkachel gewählt wurde.

Abbildung 13: Bild und Hintergrund.

Wie bereits erwähnt, gibt es unzählige Möglichkeiten der Kombination von Farben bei Text mit Hintergrund oder Hintergrundbildern. Allerdings sollte bei Hintergrundbildern beachtet werden, dass diese eine gewisse Speichergröße nicht überschreiten sollten (max. 20 KB) und die Lesbarkeit des Textes erhalten bleibt.

5.3.2 Bilder aus dem WWW auf einen lokalen Rechner übertragen

Man muss ja nicht unbedingt für jedes Projekt oder jede Seite das Rad neu erfinden. Oftmals bietet es sich an, vorhandene Bilder und Hintergründe aus bereits existierenden Seiten zu übernehmen (Achtung: gegebenenfalls Copyright beachten!!!). Am einfachsten lädt man sich über einen Browser das Bildmaterial auf den lokalen Rechner, um es dort entweder direkt in die HTML-Seite zu übernehmen oder mit einem Graphikprogramm zu verändern.

Einen Hintergrund speichert man auf dem lokalen Rechner, indem man im Browserfenster auf eben diesen Hintergrund einer Seite mit der rechten Maustaste klickt und die Option (Background/Hintergrund speichern unter...) wählt.

Ein Bild lädt man sich ebenso auf den Rechner, indem man im Browser mit der rechten Maustaste auf das Bild klickt und dann (Image/Bild speichern unter...) auswählt.

5.3.3 Einfügen von Text und Graphik in eine HTML-Seite

Sind die ersten Grundeinstellungen (d. h. die allgemeine Form der Seite mit Hintergrund und Schriftfarben) erledigt, kann mit der eigentlichen Informationseingabe begonnen werden (wobei das graphische Design zu jedem beliebigen Zeitpunkt verändert oder überhaupt erst gewählt werden kann, also auch am Schluss des Prozesses). HTML-Editoren besitzen meist die gleiche Funktionalität wie einfache Textverarbeitungsprogramme. Es gibt jedoch keinen Blocksatz und keine Tabulatoren, wobei auf diese Komponenten durchaus verzichtet werden kann, wie später gezeigt werden soll. Der Aufbau einer Seite mit Text und Graphik sollte wie bei jeder herkömmlichen Textgestaltung erfolgen, allerdings unter dem Aspekt, dass die Texte auch am Bildschirm bequem zu lesen sind. Zum optimalen Arrangement von Inhalten auf einer Seite bietet es sich an Tabellen zu verwenden. Damit können auch Einrückungen und Bild/Text-Kombinationen übersichtlich dargestellt werden.

Bilder (nur im GIF- und JPG-Format, s. o.) können jederzeit eingefügt werden, indem man auf die Menüoption "Image" klickt. An folgendem Beispiel soll eine Standardkombination von Text und Graphik mit Hilfe einer Tabelle veranschaulicht werden.

1. Wir nehmen die Vorlage, die bereits mit einem Hintergrund versehen wurde und verfassen eine Überschrift. Diese wird mittels der Textformatierungsleiste (links oben) von "Normal" auf "Heading 3/ Überschrift 3" umformatiert. Anschließend öffnet ein Klick mit der rechten Maus ein Menü, in welchem die Farbe des Textes geändert (hier: rot) und der Abschnitt zentriert wird.

2. Anschließend wird ein kleiner Einleitungstext verfasst, der in schwarz und 12 pt (Standardeinstellung) verfasst wird.

3. Eine Tabelle soll nun Bilder und Text aufnehmen. Diese soll im Browser NICHT sichtbar sein, da sie der räumlichen Platzierung dient. Dies erfolgt durch das Ändern der Rahmenlinie in 0 Pixel (1 Pixel ist die kleinste Darstellungseinheit auf dem Bildschirm, sozusagen ein "Bildschirmanzeige-Atom"). Die Option "Tabellenbreite" wird deaktiviert, so dass nur der tat-

sächlich benötigte Raum vom Inhalt eingenommen wird. Die Tabelle erscheint nun mit gestricheltem Rand. Eine Vorschau im Browser ("Preview/Vorschau") zeigt, dass die Tabelle unsichtbar ist.

4. Nach dem Einfügen eines Textes und eines Bildes in jeweils eine der Zellen erscheint der Text in der Mitte der Zelle. Um diesen nach oben zu bewegen, wird ein Kontextmenü in der Zelle (rechter Mausklick) geöffnet und im Tabellenmenü über "Row/Zeile" der Text nach oben ausgerichtet.

5. Das Drücken auf die Tabulator-Taste in der letzten rechten Zelle erzeugt daraufhin eine zweite Zeile, in der nun in die erste Zelle ein Bild eingefügt wird und in der zweiten Zelle der Text stehen soll. Die Textausrichtung in dieser Zelle soll unten sein (ebenfalls einstellbar über die Tabelleneigenschaften/Kontextmenü).

6. Da der Hintergrund die Leserlichkeit des Textes erschwert, wird der Text um jeweils eine Stufe vergrößert (mit gedrückter linker Maustaste markieren und dann die Textgrößeneinstellung verändern).

7. Ein Speichern und eine aktualisierte Ansicht im Browser (Reload/ Aktualisieren) zeigt nun die vorläufige Endversion.

Das fertiggestellte Produkt sieht beispielsweise so aus:

Abbildung 14: Fertige Seite

5.4 Exkurs: Metrische Maße

Insbesondere beim Entwickeln von HTML-Seiten muss man metrische Maße beachten. Dies liegt hauptsächlich an den Ladezeiten beim Arbeiten über Datennetze, aber auch an der in der Regel begrenzten vorhandenen Ausstattung der Empfänger. Die Summe der Bilder einer Seite sollte nicht größer sein als 100KB. Außerdem ist zu beachten, dass im Standard für eine Bildschirmauflösung von 800 x 600 Pixeln bei 256 Farben entwickelt wird. Eine Seite, die knapp auf einen Bildschirm mit 1600 x 1200 Pixeln passt, erfreut kein Auge auf einer minimalen Auflösung. Generell sollte man darauf achten, dass die Seiten ausgedruckt werden können (Druckvorschau ab und zu aktivieren). Das Seitenformat sollte auch in dieser Hinsicht sinnvoll angelegt werden.

Auf die Frage, wieviel Information nun auf eine Seite darf, gibt es leider keine Paradeantwort. Man sagt, dass man Scrollen (das Bewegen einer Seite abwärts, so dass neue Informationen am unteren Bildschirmrand erscheinen kann, während oben der Text verschwindet) möglichst vermeiden sollte. Grundsätzlich gilt: Was inhaltlich zusammengehört sollte auf einer Seite stehen, auch wenn man dann doch "scrollen" muss.

5.5 Mehrere HTML-Seiten: Ein Netzwerk entsteht

In den vorangegangenen Abschnitten dieses Kapitels wurde das Erstellen einer einfachen HTML-Seite behandelt. Um jedoch der vollen Funktionalität von HTML gerecht zu werden, soll nun das Verknüpfen mehrerer Seiten erläutert werden.

Eine WWW-Präsentation umfasst in den seltensten Fällen nur eine Seite. Dies liegt zum einen daran, dass die Menge an Informationen eine Seite zu groß werden lässt, zum anderen daran, dass man die Informationen **nutzerorientiert** anbietet. Dies bedeutet, dass jeder Nutzer selbst entscheiden kann, welche Angebote und Informationen er betrachten will.

Die Abrufbarkeit von Seiten sollte zudem von der instruktionspsychologischen Intention abhängen. Dies bedeutet, dass ein bewusst gewähltes Instruktionsdesign die Anordnung und Sequenzierung von Seiten bestimmen kann.

Ein Verweis (Link) kann durch Texte, Bilder oder andere inhaltstragende Elemente einer HTML-Seite realisiert werden. Dies geschieht durch das Markieren der entsprechenden Komponenten und das Aktivieren des Menüpunktes "Link" oder "Hyperlink". Generell kann dabei gewählt werden, ob der Verweis in demselben oder in einem neuen Browserfenster angezeigt werden soll.

Man sollte sich bei umfangreichem Material zunächst eine Blaupause vom Ablauf der Präsentation anfertigen (eine Blaupause zeigt die einzelnen Knoten und die zugehörigen Navigationsmöglichkeiten auf). Die folgende Abbildung zeigt ein Beispiel für eine inhaltsneutrale Blaupause.

Abbildung 15: Vorform einer Blaupause.

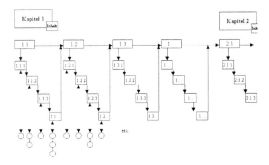

Die Abbildung zeigt verschiedene Knoten (Kästchen), die jeweils für eine HTML-Seite stehen und in denen ein Kapitel eines Inhaltes behandelt wird. Der Nutzer hat die Möglichkeit von Hauptpunkt zu Hauptpunkt zu wechseln oder aber sich von Hauptpunkt zu Hauptpunkt durch lineare Navigation in den Subpunkten (z. B. 1.1.1 bis 1.1...) zu bewegen. Die Kreise stellen jeweils Möglichkeiten der optionalen Einsicht einzelner Begriffe aus einer Seite dar. Dies sind bei Punkt 1.1.1. eine optionale Seite, bei Punkt 1.1... drei optionale Seiten. Von diesen optionalen Seiten muss wieder auf die Navigation zurückgegangen werden.

Um sich die jeweils erneute Arbeit der Layout-Gestaltung zu ersparen, bietet es sich an (bei gleichbleibender Seitenstruktur), eine Rohseite ohne Inhalt zu erzeugen, dann jeweils die Inhalte einzufügen und diese Seiten unter ihren eigentlichen Namen abzuspeichern. Eine andere Möglichkeit stellt das Kopieren und Umbenennen einer Seite in einem Dateisystem dar. Anschließend können entsprechende Hyperlinks neu erzeugt werden. Dieses Erzeugen von mehreren Seiten hat den Vorteil, dass hinterher die Sequenzierung wesentlich leichter fällt.

Eine kurze Anmerkung zur Strukturierung und Platzierung von Navigationsschaltflächen. Aus software-ergonomischen Gründen sollten Schaltflächen über die Seiten hinweg immer am gleichen Platz sein. Bei HTML platziert man diese am besten oben oder am oberen Rand, da der untere Rand zumeist sehr variabel endet. Außerdem sollte dem Benutzer bei umfangreichen Datennetzen immer angezeigt werden (auch optional), wo er sich gerade im Hypertextsystem befindet.

5.6 Die Strukturierung und Gestaltung von Informationen

Bei der Vermittlung neuer Wissensinhalte stellt die erste Komponente die Präsentation von Informationen dar. Verbale oder bildliche Informationen können seitens des Unterweisenden durch die Darstellung von Regeln, Beispielen, Bildern oder sonstiger nonverbaler Information erfolgen. Um Fertigkeiten zu vermitteln, beispielsweise die Erstellung von WWW-Seiten, muss der Gestalter von Lernumgebungen die einzelnen Teilfertigkeiten derart abbilden, dass sie vom Lernenden imitiert werden können. Besonders wichtig erscheint hier das Lernen an Beispielen. Durch die Präsentation verschiedener Beispiele, die sich jedoch alle auf die gleiche zu erlernende Fertigkeit beziehen, kann einerseits durch die Einbindung schon vorhandenen Wissens des Lerners, andererseits durch die Bildung eines Gesamtkonzeptes beim Lerner, eine effektive Wissensvermittlung erfolgen (Alessi & Trollip, 1991; siehe auch Cognitive Flexibility Theorie in Abschnitt 3.3).

5.6.1 Die Gestaltung textueller Informationen

Die Länge von Textpräsentationen: Ein kritischer Faktor beim Web Design ist die Länge von Textdarstellungen. Dabei ist die Menge an textueller Information gemeint, die dem Lerner in einer Abfolge dargeboten wird (z. B. zwischen zwei praktischen Übungsteilen).

Kritisch für die Länge von Texten ist die begrenzte Aufnahmefähigkeit der Rezipienten; Ermüdungseffekte und damit Aufmerksamkeitsdefizite können dafür sorgen, dass die dargebotenen Informationen nicht mehr aufgenommen bzw. verarbeitet werden. Es bietet sich daher an, die zu vermittelnden Inhalte so zu strukturieren, dass inhaltlich abgegrenzte Bereiche entstehen, die von den Rezipienten ohne zu erwartende Aufmerksamkeits- oder Motivationsdefizite bearbeitet werden können.

Textlayout: Das Textlayout und die Bildschirmgestaltung sollten zugunsten der Legibility (Leserlichkeit) gestaltet werden. Legibility bezieht sich im Allgemeinen auf den Einfluss des Gesamtformats einer Seite oder eines Bildschirms (Grabinger et al., 1996). Leserlicher Text beinhaltet zwei elementare Designqualitäten, die Gestalter berücksichtigen müssen: Visibility (Sichtbarkeit) und Recognizeability (Erkennbarkeit). Diese werden im Folgenden näher erläutert. Generell hat sich gezeigt, dass "Scrolling" bei Textdarbietungen ungünstig ist. Untersuchungen haben gezeigt, dass die Textaufnahme bei Scrolltexten als äußerst anstrengend empfunden wird. Ein Hauptgrund, der gegen Scrolling spricht, ist die Tatsache, dass zwischen alten und neuen Informationen schwer unterschieden werden kann. Die Informationen sollten möglichst auf einen Blick ersichtlich sein. Eine wichtige inhaltliche Darstellung kann gegebenenfalls durch Scrolling aus dem Blickfeld verschwinden. So können Zusammenhänge eher durch "Paging" (Darstellung einer Seite nach der anderen) erschlossen werden.

Visibility bezieht sich auf die Wahrnehmungsmöglichkeit und die Unterscheidbarkeit der Bildschirmzeichen. Dazu gehören:

- Scharfe Ränder
- Buchstabenkontur
- Kontrast zwischen Hinter- und Vordergrund

Ein leserliches Display präsentiert die Zeichen klar, deutlich, scharf und in entsprechender Größe.

Abbildung 16:Beispiele für Bildschirmdarstellungen

Exzellenter Kontrast: Schwarz auf Weiß	**Schlechter Kontrast:** Pink auf Lila

Diese Buchstabengröße ist zu klein: Times New Roman 8pt

Diese Buchstabengröße ist immer noch zu klein: Times New Roman 11pt

Diese Buchstabengröße ist angemessen: Times New Roman 14pt

Die Leserlichkeit ist die Grundvoraussetzung, dass Inhalte aus dem Text heraus erschlossen und Zusammenhänge erfasst werden können. Nach Grabinger et al. (1996) sollten Textzeilen auf dem Bildschirm nicht mehr als 40 bis 60 Zeichen enthalten, empfohlen werden zwei Spalten mit jeweils zwischen 30 und 35 Zeichen. Die Verwendung von Texttypen mit oder ohne Serifen wirkt sich nicht auf die Performanz der Rezipienten aus, Schrifttypen ohne Serifen werden jedoch von Lesern bevorzugt.

Recognizeability (Erkennbarkeit) bezieht sich auf das Vermögen, die Bedeutung von Buchstaben, Wörtern und anderen Objekten zu erfassen. Voraussetzung ist die Visibility (s.o.). Folgende Elemente spielen eine Rolle für die Erkennbarkeit:

Abbildung 17: Beispiele der Erkennbarkeit

Wortabstand
DieseWörterhabenkeinenAbstandundsindschwierigzuerkennen.

Zeichenabstand
Einige dieser B U C H S T A B E N S I N D zu weit entfernt; schwierig zu lesen!

Zeilenabstand

Zeilenabstand kann effektive Hervorhebungen bewirken

aber auch die Verbindung zwischen

den einzelnen Zeilen unterbrechen!

Auf der einen Seite erlaubt das Format günstige Hervorhebungen, auf der anderen Seite macht es bisweilen Probleme beim Verständnis.

5.6.2 Zur ästhetischen Qualität

Zur Generierung von Lernumgebungen sollten in erster Linie anerkannte Richtlinien der ästhetischen Gestaltung verwendet werden, z. B. Harmonie, Balanciertheit und Einfachheit (zusammengefasst unter dem Begriff Moderation).

Raumaufteilung: Die Raumaufteilung, die zu einer "Balanciertheit" eines Bildschirmes führt, lässt sich so beschreiben, dass die einzelnen Elemente auf einer Seite einen durchgehenden Rand erhalten und so angeordnet werden, dass Freiräume sich nicht zwischen den Elementen, sondern sich am Randbereich befinden.

Abbildung 18: Freiräume und konsistente innere Ränder

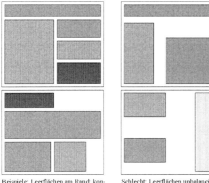

Beispiele: Leerflächen am Rand; konsistente innere Randgebung.

Schlecht: Leerflächen unbalanciert; in-
konsistente innere Randgebung.

Helle und dunkle Flächen gleichmäßig verteilen: Dunkle und helle Flächen (zu-
mindest die so gemachte Wahrnehmung derselben) sollten gleichmäßig über den
Bildschirm verteilt werden, um nicht eine gewisse "Lastigkeit" zu erzielen. Dabei ist
zu beachten, dass sehr dunkle Flächen (z. B. schwarz) nicht unbedingt mit demselben
Farbton ausgeglichen werden müssen, sondern durch andere, ähnlich wahrgenomme-
ne Schattierungen ersetzt werden können.

Konsistentes Design bei Objekten und Schriftarten zur Wahrung der Harmonie:
Bei der Bildschirmgestaltung sollte man sich nicht darauf einlassen, alles zu bieten,
was der Entwickler kann (und das am besten noch auf einer Seite), sondern man sollte sich auf eine einheitliche und durchgehende Form der Präsentation beschränken:
Weniger ist oft mehr!

Dies bezieht sich sowohl auf eine Beschränkung der Schriftarten, als auch auf die
Gestaltung der Objekte.

Abbildung 19: Harmonie.

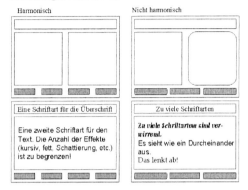

Vermeiden zu vieler Objekte: Oft beginnt man bei der Gestaltung eines Programms mit einem simplen Konzept, erweitert dieses dann, fügt Textfelder, Buttons oder andere zusätzliche Informationen und Informationsquellen ein und läuft dabei Gefahr, den Bildschirm zu überladen. Dies sollte vermieden werden! Man sollte einen überschaubaren Bildschirm mit den notwendigen Auswahlmöglichkeiten bieten. Eine zusätzliche Bildschirmseite, auf der andere Wahlmöglichkeiten geboten werden, kann gegebenenfalls Abhilfe schaffen, falls man die Informationen wirklich benötigt (z. B. ein structural organizer, das ist eine Art Inhaltsverzeichnis, anhand dessen man Standorte erkennt und auch direkt anwählen kann). Aber noch mal: Nicht jedes denkbare Bit an Information muss auf einer Seite zur Verfügung stehen! Der Bildschirm sollte optisch interessant gestaltet sein und eine Umgebung bieten, die zur Erkundung anregt. Ein moderater Grad an Komplexität, gestaltet durch Linien, Kästen, Illustrationen und konsistenter Randgebung (s. o.) ist hierzu dienlich.

Zu beachten ist außerdem, dass eine reine Textdarstellung ungünstig ist. Es hat sich gezeigt, dass Betrachter einen Bildschirm ohne Graphiken oder Illustrationen als unorganisiert, uninteressant und als schwer zu lesen empfinden. Darüber hinaus wurde eine geringere Bereitschaft, mit diesen "Bildschirmtexten" zu lernen, geäußert (Grabinger, 1993).

Elementare Richtlinien zur Typographie: Generell sollten nur portable Schrifttypen, die auf nahezu jedem Rechner Verwendung finden, benutzt werden. True Type Schriftarten sollten mittlerweile den Standard darstellen (der Nutzer möchte gegebenenfalls manches auf Papier ausdrucken). Es wird die konsistente Verwendung von nicht mehr als zwei Schriftarten empfohlen. Mehr als zwei Schriftarten sollten nur verwendet werden, wenn man eine gute Begründung dafür hat, da zu viel Schriftarten ablenkend und verwirrend wirken können. Ebenfalls sollte die Schriftgröße konsistent gehalten werden. Erscheint ein inhaltlich zusammenhängender Text auf verschiedenen Seiten mit unterschiedlichen Schriftgrößen, so entsteht möglicherweise eine unnötige Verwirrung beim Rezipienten. Überschriften sollten größer sein als der fließende Text, die Textgröße sollte mindestens 12 pt. betragen. Zur Hervorhebung einzelner Wörter bieten sich GROSSBUCHSTABEN an. Ebenso effektiv kann für mehrere Wörter die **fettgedruckte Darstellung** sein. Kursive Wörter können manchmal auf dem Bildschirm *schlecht lesbar* sein. Auch farbliche Hervorhebungen bieten sich an, müssen jedoch gut kontrastiert sein. Leser bevorzugen Abschnitte mit Linien zu 8 bis 10 Wörtern oder 45 bis 60 Zeichen (s. o.). Obwohl auch dies flexibel zu handhaben ist, fällt es oft schwer, längeren Linien auf dem Bildschirm zu folgen. Ein einfacher Zeilenabstand hat sich ebenfalls als am günstigsten erwiesen (Grabinger, 1993).

Designkriterien auf Makroebene: Designkriterien auf Makrobene beziehen sich auf das generelle Layout. Bezüglich der Organisation und des Niveaus gibt es einige Grundsätze der Bildschirmgestaltung, die das Interesse des Lesers erzeugen und ihn zum selbstmotivierten Lernen anregen können. Generell sollte ein Bildschirm in verschiedene funktionale Bereiche aufgeteilt werden, so dass eine einheitliche Struktur entsteht. Dies bedeutet beispielsweise: ein Bereich für textuelle Informationen; ein Bereich für graphische Informationen; ein Navigationsbereich; ein Bereich, der Orientierungshilfe leistet. Allgemein sollte von dieser "Grundform" nur minimal abgewichen werden, eine Gefühl der "Einheitlichkeit" sollte beim Rezipienten geweckt werden.

Designkriterien auf Mikrobene: Die Designkriterien auf Mikroebene beinhalten die Organisation des inhaltlichen Stoffes. Der Designer einer Seite sollte sich überlegen, wie er die Struktur des Inhaltes adäquat dem Leser präsentieren kann. Rezipienten bevorzugen:

- Überschriften, die den Inhalt repräsentieren
- Direktive Hinweise (Was ist überhaupt wichtig?)
- Abschnitte, die einem klar abgegrenzten inhaltlichen Bereich entsprechen

Was für die Verwendung von Objekten auf einer Seite gilt, trifft ebenso auf den inhaltlichen Kontext zu: Zu viele Hauptideen auf einer Bildschirmseite verwirren den Rezipienten. Eine generelle Regel lautet: Keep one idea per screen!

Überschriften können sinnvoll als Organisationshilfe für die Eingliederung des Wissens beim Leser dienen. Überschriften in Frageform ermöglichen eine Steuerung der Aufmerksamkeit des Rezipienten und erleichtern das Lernen.

Chunking/ Gruppierung: Inhaltlich zusammenhängende Informationen sollten in Abschnitten zusammengefasst werden (sogenannte Chunks). Hierarchisch angeordnetes Wissen sollte ebenso repräsentiert werden. Zusammenhängende Bereiche sollten als solche gekennzeichnet werden. Bei Graphiken oder Texten auf einer Seite kann dies durch einen Kasten o. ä. erfolgen, über mehrere Seiten beispielsweise durch den gleichen Hintergrund. Wichtige Begriffe sollten als direkter Hinweis hervorgehoben werden, z. B. **fett** (s. o.). Werden Vergleiche angestrebt, kann dies durch eine Aufteilung in zwei Spalten erfolgen, so dass der Nutzer den direkten Überblick erhält.

Graphik und Animation: Besondere Bedeutung kommt dem Medium Computer bei der Kombination von Texten mit Grafiken und Animation zu. Gerade die graphische Darbietung erhöht den Lernerfolg. Bildliche Darstellungen erfüllen hierbei im wesentlichen drei Funktionen. Sie sind:

- Primäre Informationsquelle
- Analogie oder Gedächtnishilfe
- Hinweisreiz

Komplexe Darstellungen sollten, wenn dies möglich ist, in verschiedene Einzeldarstellungen aufgeteilt werden; die Betrachtungsdauer sollte vom jeweiligen Schüler kontrolliert werden können. Eine Kombination von Text und Graphik, wie in der obigen Abbildung, erweist sich in Hinblick auf Verständnis und Merkfähigkeit als durchaus sinnvoll, der Einsatz von Farben in Graphiken oder Text kann als Hervorhebung durchaus seine Berechtigung haben (Alessi & Trollip, 1991). Wie bei der Graphikgestaltung sollte auch die Textgestaltung eines Programms nur notwendige Komponenten enthalten. Verwirrende Bestandteile sind möglichst auszuschalten, eine gute Zusammenfassung und ein auf den Lernenden abgestimmtes sprachliches Niveau ermöglichen eine effektive Wissensvermittlung.

Abbildung 20: Graphische Darstellungsmöglichkeiten.

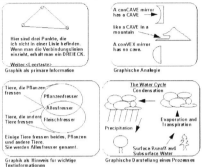

Nach: Alessi, S., Trollip, S. (1991). Computer-based instruction: methods and developments (2nd ed.). Englewood Cliffs, NJ: Prentice Hall.

Richtlinien zur Gestaltung von Hyperlinks: In diesem Teil soll die Gestaltung und Setzung von Hyperlinks näher erläutert werden. Dabei soll jeweils der Kontext und die Art der Verwendung näher dargestellt sein. Wenn es eine sequentielle Abfolge innerhalb eines Bereiches gibt, die eine Art Pfad darstellt, bietet es sich grundsätzlich an, RECHTS/ LINKS-Buttons zu verwenden. Am Ende und zu Beginn einer inhaltlich abgegrenzten Einheit empfiehlt es sich, die Buttons, die aus der Lektion führen, zu verdecken, da dies bei einem abrupten Wechsel in eine andere Lektion zur Verwirrung des Rezipienten führen kann (Erste Seite: Kein LINKS-Button; letzte Seite: Kein RECHTS-Button). Bei der Gestaltung von HTML-Seiten bietet es sich an, die Hyperlinks zur Navigation am Seitenanfang zu platzieren. Durch variable Textinhalte einer Seite sind Hyperlinks am Ende einer Seite oftmals sehr unterschiedlich lokalisiert. Durch die Position am Kopf einer Seite bleiben diese an einem festen Platz, unnötige Mausbewegungen können so vermieden werden. Bei längeren Seiten können Schaltflächen sowohl am Seitenanfang als auch am Ende platziert werden.

Folgen in einem Bereich mehrere Seiten aufeinander, dient es der Orientierung, wenn ein Seitenanzeiger verwendet wird (bspw. durch das jeweilige Einfügen eines Textes, z. B. "Lektion 2: Textgestaltung; Seite 1 von 5").

Je komplexer ein Hypertextsystem ist, desto größer ist die Gefahr für den Nutzer "sich zu verirren". Eine sinnvolle Abhilfe kann der Zugriff über eine Menüleiste zu einer "Landkarte" sein, auf der in Stichworten der Gesamt-Kontext und die momentane Position ersichtlich werden. Sind innerhalb eines Themenbereichs ALLE Informationen wichtig, so dass der Rezipient wirklich alle Seiten gesehen haben sollte, wirkt sich die Möglichkeit, den sequentiellen Pfad zu verlassen, eher ungünstig aus. Bei diesen Anforderungen sollte sich der Gestalter allein auf die RECHTS/LINKS-Buttons beschränken bzw. ansonsten nur POPUPS (d. h. Seiten, die zusätzlich zu den bisher sichtbaren eingeblendet werden) nutzen (Grabinger & Dunlop, 1996). Besteht die Möglichkeit sich zu verirren, kann dem Nutzer die Gelegenheit gegeben werden, sich Ziele zu setzen. Diese Zielsetzung sollte dann dem Nutzer zur Verfügung stehen, wenn er diese aus den Augen verloren hat. Vertiefungswissen sollte möglichst auf einer allgemeineren Ebene zugänglich sein und nicht direkt angesteuert werden. Allgemein sollten Einführungserklärungen relativ knapp gehalten sein, damit die Option der Wissensvertiefung in ausreichendem Maße besteht.

5.7   Fazit

In diesem Kapitel wurde erläutert, wie man mit HTML-Editoren einzelne Seiten für ein Lehrangebot im Internet erstellen kann. Bereits mit kostenlosen Werkzeugen wie dem Netscape Composer oder Microsoft FrontPage Express lassen sich innerhalb kürzester Zeit erste Lehrangebote entwickeln. Durch die Verknüpfung von Seiten entsteht so ein Kurs, der auf die jeweilige Zielgruppe zugeschnitten werden kann. Unter Berücksichtigung der Gestaltungsrichtlinien für benutzergerechte Informationsabrufung können erste Kurse erstellt werden, die Dank der plattformübergreifenden HTML-Form letztlich Benutzern unterschiedlicher Betriebsysteme zur Verfügung stehen. Weitere Empfehlungen zur Gestaltung von Lehrtexten und -materialien schildert Ballstaedt (1997).

Ist man in der Lage, diese ersten Schritte zum Entwerfen von Kursmaterialien durchzuführen, gelangt man jedoch schnell an die Grenzen dessen, was mit der hier erwähnten FreeWare-Software möglich ist. Weitere Möglichkeiten, die auch über die reine Informationspräsentation hinausgehen, wie beispielsweise das Erstellen von Navigationsstrukturen oder die Abfrage von Wissen, werden im nächsten Kapitel behandelt.

5.8 Zitierte und weiterführende Literatur

Alessi , S. & Trollip, S. (1991). *Computer-based Instruction: Methods and Development (2nd Ed.)*. Englewood Cliffs, NJ: Prentice Hall.

Ballstaedt, S.-P. (1997). *Wissensvermittlung. Die Gestaltung von Lernmaterial.* Weinheim: PVU.

Berk, E. & Devlin, J. (Eds.) (1991). *Hypertext / Hypermedia Handbook.* New York, NY: Mc Grawe-Hill.

Kommers, P. A. M., Grabinger, S. & Dunlap, J. C. (Eds.) (1996*). Hypermedia Learning Environments, Instructional Design and Integration.* Mahwah, NJ: Lawrence Erlbaum.

Malone, T. W. (1981). Toward a Theory of Intrinsically Motivating Instruction. *Cognitive Science, 4,* S. 333-369.

Shelly, G. B., Cashman, T. J. & Repede, J. F. (1997). Net*scape Composer - Creating Web Pages.* South-Western Pub.

Matoni, F. (1999). *Die eigene Internetseite mit FrontPage Express.* Berlin: Ullstein.

6 WebDesign für Fortgeschrittene

Beim Erstellen einer HTML-Seite oder einer kleineren Anzahl an Seiten reicht es oftmals aus, diese innerhalb der jeweiligen Seiten zu verknüpfen. Möchte man jedoch größere Seitenmengen miteinander verknüpfen und dabei die Benutzerfreundlichkeit bewahren, sollte man auf weitere Möglichkeiten der technischen Gestaltung zurückgreifen. In diesem Abschnitt sollen deshalb verschiedene technische Möglichkeiten der Sequenzierung und des Einbaus weiterer Elemente dargestellt werden. Dies stellt das Benutzen von Frames, das Erstellen von Navigationsstrukturen in dafür vorgesehenen Entwicklungsprogrammen, das Erstellen von Formularen und das Einfügen einfacher JavaScript-Sequenzen oder Java-Applets dar. Außerdem sollen in diesem Abschnitt verschiedene Möglichkeiten der Wissensüberprüfung vorgestellt werden, die wesentlich sind, um von einer reinen Informationspräsentation hin zu einem tatsächlichen Kursangebot führen.

6.1 Die Verwendung von Frames

Frames sind eine mittlerweile weit verbreitete Art, feststehende Auswahlmenüs und Navigationsleisten anzufertigen. Konnten frühere Versionen von Browsern die entsprechenden Seiten mit Frames nicht interpretieren, kann dies mittlerweile als technischer Standard angenommen werden. Doch zunächst zu der Spezifikation: Was ist eigentlich ein Frame?

Ein Frame ist eine HTML-Seite ohne tatsächlich sichtbaren Inhalt (von Rahmenleisten einmal abgesehen). Wie ein Fenster, das aus verschiedenen Rahmenteilen besteht, ermöglicht eine Frame-Seite das Einblenden von HTML-Seiten, die tatsächlich Inhalt führen. Der Vorteil liegt darin, dass man nun gezielt den Seiteninhalt eines Rahmenbereiches einer Frame-Seite wechseln kann, während der übrige Rest des sichtbaren Frame-Bereiches fest stehen bleibt. Folgende Abbildung soll die Funktionsweise eines Frames verdeutlichen.

Abbildung 21: Funktionsweise einer Frame-Seite.

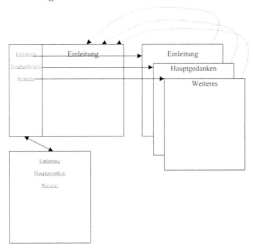

Die Abbildung soll ein Beispiel verdeutlichen, bei welchem eine Frame-Seite, beste-
hend aus einem Navigationsrahmen und einem inhaltlichen Bereich konzipiert wurde.
Dem Beispiel liegen insgesamt fünf HTML-Seiten zugrunde, nämlich:

- Die (hier zweigeteilte) Frameseite, die keinen Inhalt besitzt
- Die Navigationsseite, die im Navigationsframe in der Frame-Seite links angezeigt wird
- Drei inhaltliche Seiten, die je nach Anwahl im Navigationsframe im Hauptfenster eingeblendet werden.

Generell kann man (theoretisch) beliebige Schachtelungen auf einer Frameseite
einrichten. Da jedoch für jedes Fenster eine Seite erstellt und somit geladen werden
muss, ist dies eigentlich ab 5 Frames pro Frame-Seite unökonomisch, der Vorteil der
Arbeitsersparnis durch Frame-Seiten wird zunichte gemacht. Folgende praktische
Realisierungen von Frames sollen nun verdeutlicht werden. Die Homepage des Autors (http://zumbach.psi.uni-heidelberg.de/) verwendet eine 3-Frame-Lösung (siehe
folgende Abbildung).

Abbildung 22: 3-Frame-Lösung

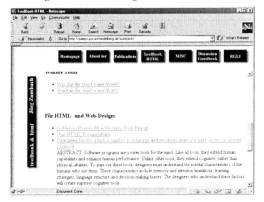

Der obere Frame (dieser zieht sich horizontal über das gesamte Browserfenster) dient der Navigation, diese "Seite" bleibt generell stehen. Der linke Frame enthält einen Seitenanzeiger, der dem Benutzer mitteilt, in welchem Bereich er sich gerade aufhält. Diese Information bleibt ebenfalls ständig im Anzeigefeld, auch wenn der Nutzer z. B. im Hauptfenster (wie hier verdeutlicht) sich nach unten bewegt.

Eine Vier-Frame-Lösung ist die Homepage der Abteilung Pädagogische Psychologie der Universität Heidelberg(http://paeps.psi.uni-heidelberg.de). Hier sind zwei unabhängige Navigationsleisten vorzufinden (oben und links), während das Logo (linke obere Ecke) und der Inhaltsbereich jeweils gesondert aufgeführt sind.

Abbildung 23: Pädagogische Psychologie der Universität Heidelberg

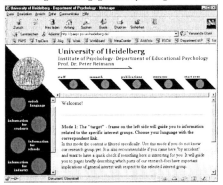

6.1.1 Das Erstellen von Frames mit professionellen Werkzeugen

Das Erstellen von Frames ist grundsätzlich mit kommerziellen WYSIWYG-Editoren möglich (WYSIWYG="What-you-see-is-what-you-get"). Bei den bislang erhältlichen Freeware-Programmen ist diese Funktion leider noch nicht realisiert. Dennoch soll im weiteren Kontext erläutert werden, wie dies trotz dieser Einschränkung möglich ist. Ein kommerzielles Programm, mit dem man Frameseiten problemlos erstellen kann, ist das Produkt FrontPage 98 oder 2000 von Microsoft. Hier erzeugt man eine Frame-Seite, indem man im Editor die Funktion "Frame" und "Neue Frameseite" wählt. Es resultiert ein Menü, in dem man gewünschte Voreinstellungen übernehmen kann (siehe folgende Abbildung).

Abbildung 24: Frame-Menü in FrontPage 98

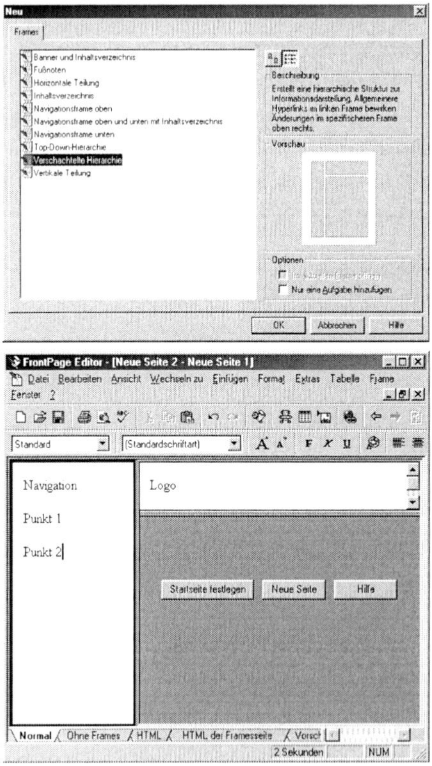

Das Programm erzeugt nun die Rahmenseite OHNE die entsprechenden Inhalte. Diese können wahlweise aus bereits bestehenden oder durch neue Seiten gefüllt werden. Generell können (wie bei Tabellen) die Größe, Abstände und Linienstärken zwischen den einzelnen Rahmen festgelegt werden, bzw. die "Scrolling-Leisten" auf Wunsch auch ausgeblendet werden. Generell kann man die einzelnen Einstellungen über das Kontextmenü (rechte Maustaste) näher spezifizieren.

Nachdem eine Frame-Seite erzeugt wurde ist im folgenden zu beachten, dass die Navigationsstruktur der Frameseite angepasst wird. Dies bedeutet, dass man das Einblenden einer neuen Seite durch einen Hyperlink festlegt. Die einzelnen Rahmen einer Frameseite haben jeweils eine bestimmte (selbst einstellbare) Bezeichnung. Bei einem Verweis muss nun bestimmt werden, in welchen Bereich des Frames die neue Seite eingeblendet werden soll. Eine neue Navigationsleiste (z. B. in einer anderen Sprache) müsste dann in den Navigationsframe eingeblendet werden, eine inhaltliche Seite entsprechend in den (inhaltlichen) Hauptframe. Relevant ist diese besondere Art der Verknüpfung insbesondere dann, wenn man auf eine andere Frameseite verweist. Diese sollte wenn möglich in ein ganzes Fenster eingeblendet werden, da sonst eine immer weiter verschachtelte Ansicht resultiert, die jeglichen Überblick unmöglich macht. Kurz zusammengefasst: Bei Frames gibt es verschiedene Möglichkeiten des Verweisens (durch Hyperlinks):

1. in jedes Fenster des Frames
2. ein ganze Seite (der Frame wird dann verlassen)
3. ein neues Browserfenster soll sich öffnen

6.1.2 Das Erstellen von Frames "per Hand"

Da mit nicht kommerziellen Werkzeugen standardmäßig keine Frames erzeugt werden könne, findet hier eine knappe Einführung in die Gestaltung von Frameseiten per Hand statt. Dazu muss man in der eigentlichen Programmiersprache HTML arbeiten (keine Angst: die folgenden Schritte verlangen nur oberflächliches Eingreifen und Verändern von schon vorhandener Arbeit).

Der erste Schritt liegt nun darin, eine bereits vorhandene Frameseite im WWW auszumachen, deren Frame-Anordnung übernommen werden soll.

Dann werden entsprechend der Anzahl der Frames schon die ersten inhaltlichen Seiten angelegt. An einem Beispiel verdeutlicht: Wir möchten die Framestruktur der

Homepage des Autors übernehmen. Da diese eine 3-Frame-Lösung benutzt, fertigen wir eine Navigationsseite (z. B. navigation.html), eine Logoleiste (z. B. logo.html) und eine erste Inhaltsseite (z. B. uebersicht.html) an. In diese Seiten sollte man zur ersten Orientierung die jeweilige Funktion auch als Text einfügen (z. B. enthält dann die Seite navigation.html nur das Wort "Navigation" auf dem Standardhintergrund).

Der nächste Schritt umfasst das Anlegen der eigentlichen Frame-Seite. Diese wird NICHT bearbeitet, sondern direkt nach dem Erzeugen bspw. im Netscape Composer abgespeichert (z. B. frame.html). Der nächste Schritt besteht darin, die HTML-Quelle dieser neuen Seite anzuzeigen (Netscape: Edit – HTML Source; Achtung: Hier muss meistens ein Text-Editor angegeben werden; es empfiehlt sich unter Windows die Datei "notepad.exe" im Windows Stammverzeichnis anzugeben).

Daraufhin wird im Browser der HTML-Text der gewünschten Vorlage angezeigt (Netscape: View (Anzeigen) – Page Source (Seiten Quelltext); dieser wird komplett mit gedrückter linker Maustaste markiert und in den Zwischenspeicher des Rechners kopiert (Edit – Copy oder STRG+C). Daraufhin wechselt man wieder in den HTML-Text der gerade neu erzeugten Seite und markiert dort alles. Dann fügt man den gerade kopierten Text hier ein, so dass der alte Text KOMPLETT überschrieben wird (ggf. vorher alles löschen: Edit – Paste oder STRG+V). Nun sollte folgendes zu sehen sein:

```
<html>
<head>
<title>Jörg Zumbach</title>
</head>
<frameset framespacing="0" border="false" frameborder="0" rows="80,*">
  <frame name="Banner" scrolling="no" noresize target="Inhalt" src="navigation.htm">
  <frameset cols="110,*">
    <frame name="Inhalt" target="Hauptframe" src="leiste.htm" scrolling="no">
    <frame name="Hauptframe" src="zumbach.htm" scrolling="auto">
  </frameset>
  <noframes>
  <body>
  <p>Diese Seite verwendet Frames. Frames werden von Ihrem Browser aber nicht unterstützt.</p>
  </body>
  </noframes>
</frameset>
</html>
```

Ersetzt man nun "Jörg Zumbach" durch den neuen gewünschten Seitennamen, z. B. "Mein erster Frame" und ersetzt die Verweise auf HTM oder HTML-Seiten (ist eigentlich das gleiche), so hat man eine eigene Frameseite erzeugt. Es wird also ersetzt (im Beispiel oben fett und kursiv dargestellt):

- Navigation.htm durch logo.html (das eigene Logo)
- Leiste.htm durch navigation.html und
- Zumbach.htm durch uebersicht.html

Somit resultiert der folgende Text:

```
<html>
<head>
<title>Mein erster Frame </title>
</head>
<frameset framespacing="0" border="false" frameborder="0" rows="80,*">
 <frame name="Banner" scrolling="no" noresize target="Inhalt" src="logo.html">
 <frameset cols="110,*">
  <frame name="Inhalt" target="Hauptframe" src="navigation.html" scrolling="no">
  <frame name="Hauptframe" src="uebersicht.html" scrolling="auto">
 </frameset>
 <noframes>
 <body>
 <p>Diese Seite verwendet Frames. Frames werden von Ihrem Browser aber nicht unterstützt.</p>
 </body>
 </noframes>
</frameset>
</html>
```

Speichert man dieses Produkt nun und betrachtet diese neue Seite im Browser, so sollte als Resultat die eigene Frameseite erscheinen.

Abbildung 25: Das Resultat

Der Netscape Composer kann diese Seite nicht ordnungsgemäß anzeigen, der Netscape Navigator (der eigentliche Browser) hingegen schon. Weist man jeder Seite nun eine Hintergrundfarbe zu, so sieht man, dass man tatsächlich eine Frameseite erzeugt hat. Wichtig ist nun beim Erstellen von Verweisen, dass man im HTML-Quelletxt grundsätzlich noch das Ziel spezifiziert. Dies bedeutet, dass man den Quelltext im Editor anzeigen lässt, sich den Rahmennamen merkt (in diesem Beispiel siehe oben: frame name="Hauptframe"; frame name="Banner"; frame name="Inhalt") und entsprechend hinter jedem Verweis den HTML-Code mit dem gewünschten Anzeigefenster einfügt, z. B. target="Hauptframe". Erzeugt man nun eine weitere Seite mit der Bezeichnung "inhalt.html" und fügt man in der Seite "navigation.html" den Verweis auf diese Seite ein, so muss man im Quelltext der Seite "navigation.html" die Quelle angeben.

Also in dem Text

```
<!doctype html public "-//w3c//dtd html 4.0 transitional//en">
<html>
<head>
  <meta http-equiv="Content-Type" content="text/html; charset=iso-8859-1">
  <meta name="Author" content="Jörg Zumbach">
  <title>navigation</title>
</head>
<body>
navigation
<br><a href="inhalt.html">inhalt</a>
</body>
</html>
```

wird an der Stelle <a href="inhalt.html">inhalt</a> das Ziel mittels target="Hauptframe" eingefügt. Die modifizierte Stelle sieht nun so aus:

```
<a href="inhalt.html" target="Hauptframe">inhalt</a>.
```

Eine Vorschau im Browser zeigt das gewünschte Ergebnis. Dementsprechend kann nun jede beliebige Struktur erstellt werden, die Vorgehensweise bleibt annähernd gleich. Zu beachten sind noch folgende Verweismöglichkeiten:

target="_top" – Die neue Seite ersetzt das Frame-Fenster – der Frame wird verlassen.

target="_blank" – Ein neues Browserfenster öffnet sich.

target="_self" – Die neue Seite wird im gleichen Frame geöffnet.

6.2 Das Verwenden von Navigations-Editoren in professionellen Werkzeugen

In professionellen Werkzeugen wie Microsoft FrontPage 98 oder Netobjects Fusion besteht die Möglichkeit durch einfaches Anordnen von Seiten in einer bestimmten Ansicht eine Navigationsstruktur zu erstellen. Bei FrontPage 98 funktioniert dies in der "FrontPage Explorer-Ansicht", indem die Menüoption Ansicht – Navigation gewählt wird. Zieht man nun die einzelnen Seiten in das obere Fenster, so kann man die Navigationsmöglichkeit bestimmen.

Abbildung 26: Bestimmung einer Navigationsstruktur.

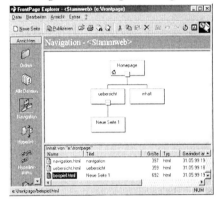

FrontPage erzeugt nun automatisch (ohne Frames) eine Menüleiste in den einzelnen Seiten, wie aus der folgenden Abbildung ersichtlich wird.

Abbildung 27: Automatische Navigationsstruktur

Da diese Seite die Seitennamen (NICHT die Datei-Namen) verwendet, sollten hier die Seitenbezeichnungen eindeutig gewählt werden, die Verweise werden dann automatisch aktualisiert.

6.3   Das Einfügen anderer Quellen

Mit der Bezeichnung "Das Einfügen anderer Quellen" ist hier gemeint, dass sowohl andere spezielle HTML-Befehlscodes (wie bspw. oben das manuelle Erstellen von Frames) als auch JavaScript—oder Java-Programme (im Fachjargon: Applets) in eine HTML Seite eingefügt werden. Hierbei ist anzumerken, dass es NICHT um das Programmieren derselben geht, sondern lediglich um das Kopieren und Einfügen. Es gibt über das World-Wide-Web mittlerweile genügend Wissens- und Daten-Ressourcen, in denen Programmierer ihre Arbeit zu Verfügung stellen. Diese Arbeiten können im wesentlichen problemlos in eigene Seiten eingefügt werden, um diese optisch und didaktisch aufzuwerten. Hier seien zwei Quellen genannt, die solche Dienste anbieten: www.developer.com und www.builder.com . Hier findet man spezielle Entwicklungen, die man bei Bedarf in eigene HTML-Seiten einfügen kann. Auch dies wird nun an einem Beispiel verdeutlicht.

Der Dienstanbieter WebTraxx (www.webtraxx.com) bietet einen kostenlosen Zugriffszähler für Internet-Seiten an. Wählt man diese Seite und befolgt man die Anweisungen, so erhält man einen HTML-Quelltext, der bspw. folgendermaßen aussieht:

```
<tr>
  <td align="center"><small>Sie sind laut</small></td>
  <td align="center"><small><a HREF="http://www.webtraxx.de" target="_top"><img

SRC="http://www.webtraxx.de/cgi-bin/Counter/log.cgi?account=Kundenname"
ALT="WebTraxx Counter" BORDER="0" width="81" height="30"></a></small></td>
  <td align="center"><small>auf dieser Seite der/die</small></td>
  <td align="center"><small><img

SRC="http://www.webtraxx.de/cgi-
bin/Count.cgi?df=Kundenname.dat&amp;dd=C&amp;ft=6&amp;frgb=0;0;127"
  width="102" height="32"></small></td>
  <td align="center"><small>.te BesucherIn seit dem 22.01.1999</small></td>
</tr>
```

Fügt man diesen Code nun in eine HTML-Seite ein, so erhält diese die gewünschte Funktionalität. Dies klappt sowohl bei HTML-Code als auch JavaScript und JAVA-Applets.

6.4 Exkurs: Java – Mehr als eine Insel!

Im Bereich des World-Wide-Web trifft man häufiger auf die Bezeichnungen JAVA und JavaScript. Es handelt sich bei beidem um Programmiersprachen für das WWW, die jedoch völlig unterschiedlich funktionieren und auch programmiert werden. Bei JavaScript handelt es sich um eine Programmiersprache, die im HTML-Quelltext verfasst wird. Dies bedeutet, sie kann über diesen auch eingesehen und wie HTML-Teile kopiert werden. So erzeugt man z. B. Effekte wie bewegliche Schaltflächen, POPUP-Fenster etc. Diese Sprache wird wie HTML direkt vom Browser verstanden und umgesetzt (es sei denn, sie wird im Browser deaktiviert). Bei Java handelt es sich um eine Programmiersprache, die Programmteile auslagert. Dies hat zur Folge, dass entweder zusätzliche Komponenten vom Browser auf der lokalen Festplatte oder an anderen Quellen im WWW zusätzlich aktiviert werden müssen. Typischerweise liefert der Entwickler gleichzeitig das "Paket" hierzu mit. Bemerkbar wird dies zumeist durch eine verzögerte Darstellung im Browser und der Status-Meldung "Starting Java/Java wird gestartet". Im Gegensatz zu JavaScript muss also beim "Einbau" von JAVA-Applets (so heißen diese kleinen Programme) eine entsprechende Datei und der HTML-Code für den Einbau in die eigene Seite mit übernommen werden.

6.5 Wissensüberprüfung

Web-Based Training ist bzw. sollte mehr sein, als das reine Präsentieren von Informationen. Durch monotones Präsentieren aneinandergereihter Informationen werden sowohl Aufmerksamkeitsspanne von Lernenden als auch deren Motivation über Gebühr beansprucht. Um diesen negativen Tendenzen entgegenzuwirken und auch dem Mehrwert des Mediums gerecht zu werden, sollten interaktive Elemente in einen Kurs eingebaut werden. Diese Interaktivitäten können Simulationen, steuerbare Animationen, Wissensüberprüfungen sowie Austausch mit anderen Lernenden oder einem Tutor beinhalten. Wissensüberprüfung beinhaltet jedoch mehr, als lediglich

Wissen zu testen: Es entstehen einerseits interaktive Elemente in einem Programm, andererseits kann sowohl der Lernende als auch das Programm in der jeweiligen Leistung evaluiert werden. Generell bietet es sich an, Informationspräsentation und Wissensüberprüfung in regelmäßigem Wechsel anzubieten, so dass zu inhaltlich eng begrenzten Bereichen eine Wissensabfrage erfolgt. Um Lernende "am Ball" zu halten sollte spätestens nach acht Bildschirmseiten (besser vorher) oder einer "Lektion" ein solches Frageelement auftauchen. Im folgenden sollen verschiedene Möglichkeiten der Wissensüberprüfung dargestellt werden.

6.5.1 Text-basierte Multiple-Choice Fragen

Die bekannteste Möglichkeit Fragen anzubieten stellt wohl die Frage mit verschiedenen vorgegebenen Antwortalternativen dar. Ist eine automatische Auswertung der Ergebnisse nicht vorgesehen (z. B. wenn die Frage allein der Selbstkontrolle der Lernenden diesen soll) so kann diese auf einfache Art und Weise mithilfe von Frames realisiert werden. Am einfachsten ist hier eine Seite mit einer Frage und den verschiedenen Antwortalternativen, die jeweils mittels eines Hyperlinks auf eine entsprechende Seite mit Rückmeldung und weiteren Hinweisen verbunden ist. Der Lernende erhält somit auf einen Klick auf eine Frage sofortige Rückmeldung und kann weitere Informationen zu dieser Frage erhalten. Eine weitere Möglichkeit bietet die Verwendung einer Frameseite, die horizontal zweigeteilt ist. Im oberen Rahmen einer Seite wird beispielsweise eine Frage und deren Antwortalternativen angezeigt, während im unteren Rahmen mittels Hyperlinks die Seiten mit Rückmeldungen eingeblendet werden. Beide Möglichkeiten sind in der folgenden Abbildung skizziert.

Abbildung 28: Prinzip einer Multiple Choice Frage mit und ohne Frames

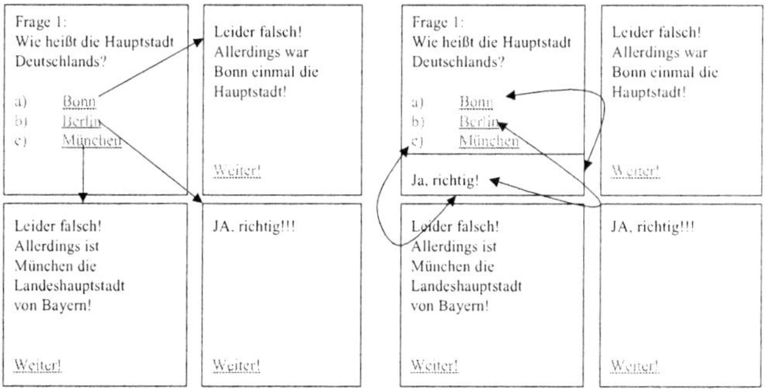

Diese Art der Wissensüberprüfung ist jedoch problematisch, wenn Fragen nicht korrigiert werden dürfen oder eine Notengebung erfolgen soll. Generell ist es natürlich fraglich, ob Wissensüberprüfung durch Multiple-Choice Fragen erfolgen sollte, da gewisse Ratewahrscheinlichkeiten nicht auszuschließen sind und darüber hinaus generell angezweifelt werden sollte, ob Wissen sich durch einfache Antwortalternativen abbilden lässt. Sollte man sich dennoch zu Prüfungen in diesem Format entschließen (ohne direkte Rückmeldungen an die Lernenden), sollte man auf entsprechende Formularoptionen in HTML-Editoren zurückgreifen. Die Editoren Microsoft FrontPage Express (Freeware) und Microsoft FrontPage bieten diese Möglichkeit, bei Netscape muss direkt der HTML-Quelltext eingefügt werden. Die Formulare, die durch Front-Page eingefügt werden, benötigen ihrerseits entsprechende Erweiterungen, die auf einem Web-Server liegen müssen (sogenannte CGI-Skripte). Allerdings besteht auch hier durch die einfache Modifikation einiger HTML-Zeilen die Möglichkeit dieses Erfordernis zu umgehen und sich das Resultat entsprechender Antworten via eMail zukommen zu lassen.

An folgendem Beispiel soll verdeutlicht werden, wie mit FrontPage Express ein Test zur Wissensüberprüfung erzeugt wird. Durch die Befehlsfolge "Einfügen - Formularfeld" erhält man eine Auswahl an Formularfeldern, von denen sich die Kontrollkästchen, die Optionsfelder und das Drop-Down Menü zur Verwendung im Multiple-Choice Format eignen. Folgende Abbildung zeigt die genannten Alternativen.

Abbildung 29: Multiple-Choice Fragen mit FrontPage Express

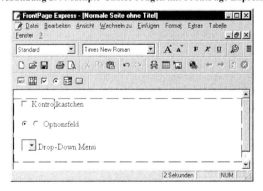

Kontrollkästchen eignen sich dazu MEHRERE Antwortalternativen zuzulassen, bei Optionsfeldern ist nur EINE mögliche Antwort zulässig, das Drop-Down Menü kann für beide Optionen eingerichtet werden. Eine prototypische Zusammenstellung der Fragemöglichkeiten ist der folgenden Abbildung zu entnehmen.

Abbildung 30: Verschiedene Multiple Choice Fragen

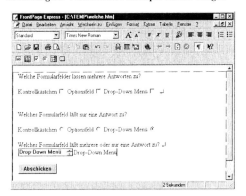

Um nun eine automatische Auswertung der Antworten eines Lernenden zu erhalten, müssen die Eigenschaften der Formularfelder bearbeitet werden. Hierzu gehören einerseits die Namen der Felder, die am besten eindeutig der jeweiligen Frage zuzuordnen sind. Außerdem kann jedem Feld ein Wert zugeordnet werden. Dieser kann sowohl Zeichenketten umfassen wie bspw. "richtig" oder "falsch" oder den Namen der Antwort, jedoch auch numerische Werte annehmen, um bspw. mit einem Statistikprogramm weiter verarbeitet werden zu können (z. B. "0" für falsch und "1" für richtig). Bei Optionsfeldern ist darauf zu achten, dass alle Felder, die zu derselben Frage gehören, die gleiche Gruppenbezeichnung haben. Erst dies charakterisiert alle Felder mit einem Gruppennamen als zusammengehörig. Die jeweiligen Eigenschaften lassen sich in FrontPage Express und FrontPage durch einen Doppelklick auf das jeweilige Feld oder durch die rechte Maustaste aufrufen und bearbeiten, hier exemplarisch für das Drop-Down Feld.

Abbildung 31: Eigenschaften für Drop-Down Feld

Um das Formular abschicken zu können, muss noch eine "Abschicken"-Schaltfläche eingefügt werden. Die Seite muss in FrontPage Express als Datei zur weiteren Bearbeitung gespeichert werden. Wichtig ist, dass nur ein Formular pro HTML-Seite eingefügt werden kann, wobei aus ergonomischen Gründen ein langer Test auf verschiedene Seiten aufgeteilt werden sollte. Werden lange Fragebögen generiert, sollte durch Kennzeichnen der Seiten dem Nutzer angezeigt werden, auf welcher Testseite er sich gerade befindet (z. B. "Sie sind auf Testseite 5 von 6"). Zudem sollten bei mehreren Antwortalternativen die Formularfelder innerhalb einer Tabelle angeordnet werden, um eine übersichtliche Darstellung und somit eine Vermeidung von Flüchtigkeitsfehleren zu unterstützen.

Wie bereits skizziert, ist zur Funktionstüchtigkeit dieses Formulares ein spezieller Web-Server mit den FrontPage-Erweiterungen notwendig. Um dieses zu umgehen kann man den HTML-Quelltext auf einfache Weise so modifizieren, dass die Ergebnisse via eMail direkt an den Kursleiter versandt werden können. Dazu lässt man sich den Quelltext anzeigen (Ansicht - HTML) und fügt nun in die Zeile "<form method="POST">" die Ergänzungen action="mailto:IhrName@IhrAnbieter.de" enctype="text/plain" hinzu,. Es resultiert die folgende Zeile (wobei Sie dann IhrName@IhrAnbieter.de durch Ihre eigene oder die gewünschte eMail-Adresse ersetzen müssen):

<form method="POST" action="mailto:IhrName@IhrAnbieter.de" enctype="text/plain">

Durch diese Veränderung werden die Ergebnisse direkt an die gewünschte Adresse versandt, ohne dass ein spezieller Web-Server benötigt wird. Allerdings gibt es auch hier die Voraussetzung, dass der Benutzer des Formulares unter seiner eigenen eMail-Adresse am Benutzerrechner angemeldet und das eMail-Programm dort richtig konfiguriert ist. Selbstverständlich können die auf oben beschriebene Art und Weise erzeugten Formulare auch auf einem Web-Server mit FrontPage-Erweiterungen eingesetzt werden, die Ergebnisse können dann zentral als Textdatei gesammelt werden. Ein weiteres Programm, welches die Generierung von Multiple Choice Fragen unterstützt ist das Shareware-Programm Dreamweaver, welches als Download bei Macromedia zur Verfügung steht. Es handelt sich dabei um einen HTML-Editor, der alle gängigen Merkmale eines professionellen Programmes bietet. Bei der Sharewareversion, die unter www.macromedia.com heruntergeladen werden kann, handelt es sich um eine zeitlich begrenzt ausführbare Version. In Kombination mit den ebenfalls dort verfügbaren (und ebenfalls zeitlich limitiert einsetzbaren) Coursebuilder-Erweiterungen können auf einfache Weise Multiple Choice-Fragen via Drag & Drop auf eine HTML-Seite gezogen und dann auf eigene Bedürfnisse zugeschnitten werden. Diese sind im Gegensatz zu den Formularen von FrontPage jedoch ohne Einschränkungen verwendbar. Auf eine HTML-Seite wird bei Dreamweaver einfach eine Coursebuilder Interaktion eingefügt, indem man auf den gewünschten Fragetyp klickt. Dieser lässt sich einfach durch ein Menü modifizieren, welches Antworten, Zeitbegrenzung, direktes Feedback und maximale Versuchszahl beim Wählen einer Antwort bestimmen lässt. Die Auswertung der Antworten ist jedoch nur in Verbindung mit einem Lernermanagement-System möglich. Eine prototypische Frage, die mit diesen Werkzeugen erstellt wurde, ist in der folgenden Abbildung dargestellt.

Abbildung 32: Multiple Choice Frage erstellt mit Macromedia Coursebuilder

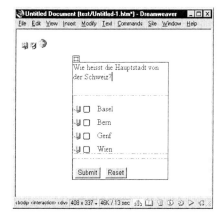

6.5.2 Andere Multiple Choice Fragen

Andere Multiple Choice Fragen gehen über das reine Text-Format hinaus. Im wesentlichen handelt es sich hierbei um Verfahren, die den Einsatz von Graphiken beinhalten und/oder die auf dem Ziehen von Objekten mit der Maustaste beruhen. Diese Frageform geht über die reine Text-Ebene hinaus, folgt aber dem im vorangegangenen Abschnitt beschriebenen Prinzip der Verknüpfung von Frage- und Rückmeldungsseiten. Ein Beispiel zur Gestaltung einer solchen Frage ist die Möglichkeit, Bilder oder Bildteile (Hotspots) mit Hyperlinks zu versehen. Während Teile eines Bildes nur bei kommerziellen Produkten (z. B. FrontPage 2000) mit Hyperlinks innerhalb des Bildes versehen werden können, können einzelne Bilder generell auch mit FreeWare-Werkzeugen wie dem Netscape Composer oder FrontPage Express verknüpft werden. Durch einen Klick auf Bilder oder Bildteile werden Rückmeldungen in einem Antwort-Frame oder einer neuen Seite eingeblendet. Die Verfahrensweise entspricht der im vorangegangenen Abschnitt beschriebenen Möglichkeit, direkte Rückmeldung mittels der mit den Antworten (hier die Bilder) verknüpften Seiten zu geben.

Multiple Choice Fragen, welche durch das Klicken und Ziehen von Objekten im Browser beantwortet werden, werden durch die Coursebuilder-Erweiterungen von Macromedias Dreamweaver unterstützt. Ein Beispiel hierzu stellt folgende "Drag & Drop"-Aufgabe dar, bei der jedes beliebige Bild im GIF-Format verwendet werden kann.

Abbildung 33: Drag & Drop-Frage erstellt mit Macromedia

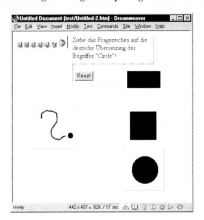

6.5.3 Offene Fragetypen

Möchte man über das einfache Multiple Choice Format hinausgehen, beispielsweise bei Lernkontrollen zu komplexen Inhaltsbereichen, bietet sich die Verwendung "offener" Fragen an. Die einfachste Realisierung dieser Form der Wissensüberprüfung kann durch eMail erfolgen. Darüber hinaus gibt es auch die Möglichkeit, ein HTML-Formular zu verwenden. Formulare bieten sich insbesondere dann an, wenn mehrere knappe Antworten übermittelt werden sollen. Bei längeren Antworten kann man zwar auch Formulare verwenden, dadurch steigt jedoch die tatsächliche Zeit, die man Online beim Beantworten verbringen muss (und damit steigen die Kosten...). Hier sollte man sich überlegen, vielleicht doch eine eMail-Übertragung zu wählen. Beispielaufgaben, bei denen man auf eMail zurückgreifen kann, sind zu übersetzende Abschnitte, kurze Aufsätze oder Beschreibungen usw. Ein mögliches Beispiel wäre die Aufforderung: "Übersetze den folgenden Abschnitt und sende Deine Übersetzung dann mittels eMail an den Kursleiter". Im Vorfeld wäre dann zu klären, ob eMails mit Anhang gesendet (die Antwort wird als gesondertes Dokument an die eMail angefügt) oder direkt in den laufenden Text einer eMail getippt werden.

Bei der Abfrage mehrer kurzer Antworten können Formulare verwendet werden. Wie bereits im Abschnitt der text-basierten Multiple Choice Fragen dargestellt wird dafür ein Formular generiert, bei welchem ein- oder mehrzeilige Textfelder eingebettet werden. Beispielhafte Fragen sind hier "Wie heißt die Hauptstadt Deutschlands?" oder "Was ist die Kubikwurzel aus 27?".

Problematisch bei beiden Vorgehensweisen ist die wesentlich aufwendigere Auswertung der so ermittelten Antworten. Gerade bei längeren Beiträgen kann dies sehr viel Zeit in Anspruch nehmen. Bei kürzeren Beiträgen muss zwar auch jeder Beitrag bewertet werden, die Auswertung kann jedoch schneller erfolgen. Ein wesentlicher Vorteil längerer schriftlicher Beiträge liegt jedoch darin, dass man sich vom "Lernzustand" eines Lernenden ein besseres und ganzheitlicheres Bild verschaffen kann. Etwaige Denkfehler können verstanden werden und somit kann dem Lernenden eine besserer du angepasste Unterstützung angeboten werden.

Eine ökonomischere Vorgehensweise stellt bei Kurzantworten die automatische Auswertung dar. Auch hier bietet das Paket Macromedia Dreamweaver/ Coursebuilder eine Lösung an. Hier wird ein direktes Feedback auf jeweilige Texteinträge gegeben. Die Anwendung einer solchen Frage sieht dann wie folgt aus.

Abbildung 34: Offene Frage erstellt mit Macromedia

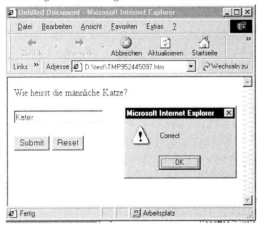

6.6 Das Publizieren von Web-Seiten

Zum Publizieren von Web-Seiten braucht man auf jeden Fall einen Dienstan-bieter oder einen zugänglichen Web-Server (ein Rechner, der rund um die Uhr an das WWW angeschlossen ist und HTML-Seiten anbietet). Auch hier gibt es über Univer-sitätszugänge die Möglichkeit eigene Seiten zu publizieren. Zudem kann man auf ko-stenlose Dienstanbieter im WWW zurückgreifen, die jedoch Werbung einblenden. Natürlich kann man sich auch monatlich Ressourcen mieten (z. B. über www.strato.de oder www.puretec.de). Hat man sich einen solchen Platz auf einem Server verschafft, kommt das File-Transfer-Protokoll zum Zuge. Mit einem FTP-Werkzeug gibt man die gewünschte Zieladresse und die Zugangsvoraussetzungen (Benutzername und Passwort) an und kann dann direkt vom lokalen Rechner aus die Dateien auf den Zielrechner übertragen. Folgende Punkte sind allerdings zu berück-sichtigen: Hat man bspw. mit FrontPage 98 entwickelt, so kann es sein, dass man fer-tige Komponenten eingebaut hat, die entsprechende Server-Erweiterungen von FrontPage benötigen, um richtig zu funktionieren. In diesem Fall muss man sich rechtzeitig mit dem Administrator (d.h. dem Verwalter) des entsprechenden Anbie-ters verständigen. Zudem muss man beachten, dass die Startseite zumeist eine bestimmte Bezeichnung haben muss (meistens: index.html, aber auch default.html oder index.htm oder default.htm). Auch hier sollte man sich vorher erkundigen. Zusätzlich bieten auch viele HTML-Editoren direkt eine eigene Unterstützung zum Publizieren von Web-Seiten. Ist dies nicht der Fall, so verdeutlicht folgende Abbildung eine prototypische Einstellung eines FTP-Programmes zum Transfer von Daten auf einen Web-Server:

Abbildung 35: FTP-Datentransfer auf einen Web-Server

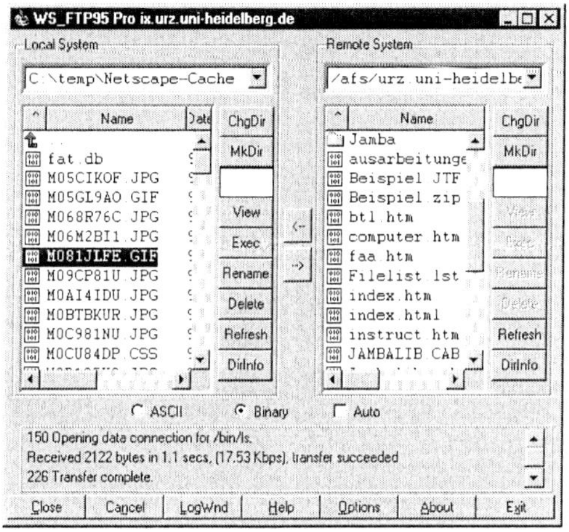

Nach getaner Arbeit kann nun das Produkt im WWW eingesehen werden.

Noch ein kleiner Hinweis: Es gibt mittlerweile unzählige Systeme und Generationen von Servern, die unterschiedlich auf Groß- und Kleinschreibung von Dateien reagieren. Verwendet man stets kleingeschriebene Dateinamen, geht man etwaigen Kompatibilitäts-Problemen schon im Vorfeld aus dem Weg.

6.7 Fazit

Möchte man komplexere Informationsangebote oder Wissensüberprüfungen in einen Kurs einfügen, so kommt man mit den einfachen Möglichkeiten der bisher geschilderten Produkte Netscape Composer oder FrontPage Express sehr schnell an die Grenzen des Machbaren. Durch einige Tricks lassen sich zwar noch bspw. Frames erzeugen, jedoch gerade im Bereich komplexer Navigationsmenüs wird der Einsatz kommerzieller Produkte sinnvoll. Insbesondere das Einfügen interaktiver Komponenten wird dadurch wesentlich erleichtert. Das steigende Angebot von frei erhältlichen Simulationen oder anderer Komponenten im Internet, die in der Programmiersprache JAVA entwickelt wurden, macht zusätzliche Interaktivitäten, die einen Kurs bereichern können, möglich. Insbesondere Wissensüberprüfungen und -abfragen sind die Komponenten, die eine reine Informationspräsentation zu einem Kurs machen. Durch den Wechsel von Informationspräsentation und Informationsabfrage entsteht ein System, das den Lernenden involviert und ihn zur Bearbeitung des Kurses motivieren kann. Darüber hinaus bieten Wissensabfragen auch die Möglichkeit, falsch gelernte Dinge sofort zu korrigieren. Zudem kann durch gezielte Wissensabfrage auch eine Korrektur oder Ergänzung des Lernmaterials erfolgen.

Letztlich kann auch - bei erfolgreicher Bearbeitung eines Kurses - eine Zertifizierung des Lerners erfolgen.

6.8 Weiterführende Literatur

Alessi , S. & Trollip, S. (1991). *Computer-based Instruction: Methods and Development (2nd Ed.).* Englewood Cliffs, NJ: Prentice Hall.

Lankau, R. (2000). *Webdesign und publishing. Grundlagen und Designtechniken.* München: Hanser.

Matzner, B. & Krause, J. (1999). *FrontPage 2000. Professionelle Websites entwikkeln.* München: Addison-Wesley.

7 Scannen

Häufig haben Lehrende ihr umfangreiches Lehrmaterial bereits entwickelt und in Form von Manuskripten, Folien oder Bildern vorrätig. Dieser oftmals sehr umfangreiche Bestand an wertvollen Ressourcen kann auch in internetbasierten Kursen Verwendung finden. Insbesondere die Digitalisierung von Bildern durch Scannen ist das zentrale Thema dieses Kapitels.

Beim Scannen handelt es sich um einen Vorgang, bei dem "analoges" Bild- und Textmaterial in ein "digitales" Format umgewandelt wird. Generell bedarf es keiner weiteren Erläuterung, dass hierzu ein entsprechendes Gerät (nämlich der Scanner) notwendig ist. Hierzu seien einige Anmerkungen erlaubt: Es gibt Handscanner, Einzugsscanner, Flachbettscanner und mittlerweile auch in Stifte integrierte portable Scanner (etc.). Handscanner sind zumeist ungenau, Stiftscanner sehr teuer und nur begrenzt einsatzfähig. Empfohlen werden hier Flachbettscanner, von denen es wiederum verschiedene Ausführungen gibt. Es gibt Flachbettscanner für SCSI-Computer (bei diesen ist eine sog. SCSI-Schnittstelle integriert; ebenfalls etwas teurer), für Rechner ohne SCSI (sog. IDE-Rechner) mit zusätzlicher Steckkarte, die eingebaut werden muss (weniger teuer), USB-Geräten (Universal Serial BUS) und schließlich Scanner, die an den Druckeranschluss zwischen Drucker und Computer angeschlossen werden (am billigsten). Letztere Geräte oder Drucker/ USB-Anschlusskombinationen sind preiswert (um die 100.- DM) in Supermärkten erhältlich und stehen nach Ansicht des Autors den weitaus teuren Geräten kaum nach (weder in Geschwindigkeit, noch in Qualität). Die notwendige Software ist dabei zumeist enthalten.

Grundsätzlich liegt beim Scannen die sog. TWAIN-Software zugrunde. Dies ist ein kleines Programm, das nicht selbständig aufgerufen werden kann, jedoch durch andere Programme als Medium zwischen eigentlicher Anwendungssoftware und Scanner dient. Auf diese Software greifen dann Graphik- und OCR-Programme (diese werden im folgenden näher erläutert) zu.

7.1 Scannen von Graphiken

Wie bereits erwähnt wird bei Scannern entsprechende Graphiksoftware standardmäßig mitgeliefert. Diese Software greift auf die TWAIN-Software (die Schnittstelle zwischen Scanner und Anwendungssoftware) zu. Zumeist wird die Option "Einbinden einer externen Quelle" oder ähnlicher Wortlaut im Graphikprogramm ermöglicht (Anmerkung des Autors: Es werden min. 32 MB Arbeits-(Ram)-Speicher empfohlen). Ist ein Scanner aktiviert (und auch gewählt) wird die TWAIN-Software gestartet. Eine mögliche Oberfläche sieht wie folgt aus.

Abbildung 36: Graphikprogramm und TWAIN-Software

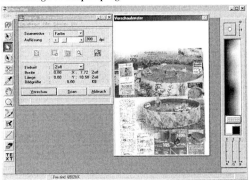

Das Graphikprogramm hat hier die Scannersoftware gestartet und mit der Option "Vorschau" wurde die eingelegte Bildvorlage in das Vorschaufenster gelesen. Nun können unterschiedliche Einstellungen vorgenommen werden, die jeweils erhebliche Auswirkungen auf Speichergröße und Qualität des Bildes haben. Diese werden nun Punkt für Punkt näher dargestellt. Vorab sei angemerkt, dass die Vorlage grundsätzlich rechtwinklig im Scanner liegen sollte, um spätere Korrekturen zu vermeiden.

- Bildgröße: Mit der Maus kann im Vorschaufenster der gewünschte Bereich gescannt werden. Je größer dieser ist, umso größer wird der benötigte Speicherplatz.

- Scanmodus/ Farbe: Auch hier ist je nach Bedarf abzuwägen, was benötigt wird. Es gibt zumeist diese Möglichkeiten: Farbe (24 Bit), Grau, Halbton (Zeitungsrasterbild) und reines Schwarz/Weiß (auch LineArt). Ebenso wie bei der Bildgröße gilt: Je anspruchsvoller, umso mehr Speicherplatz.

- Auflösung: Die Auflösung beeinflusst ebenfalls die Qualität eines Bildes. Bei einer Auflösung von 300dpi (Dots per inch = Pixel pro Zoll) ist eine ausreichende Druckqualität gesichert. Je höher die Auflösung, um so schärfer wird das Bild, aber auch der Speicherbedarf wird dementsprechend größer.

Zur Veranschaulichung des jeweiligen Speicherbedarfes dient folgende Tabelle (gescannt werden soll ein Bild von 10 cm x 10 cm Größe).

Tabelle3: Speicherbedarf beim Scannen

Farbmodus	Auflösung 150 dpi	Auflösung 300 dpi	Auflösung 600 dpi	Auflösung 300 dpi/ Größe 20 cm x 20 cm
S/W	Ca. 40 KB	Ca. 170 KB	Ca. 700 KB	Ca. 700 KB
Halbton	Ca. 40 KB	Ca. 170 KB	Ca. 700 KB	Ca. 700 KB
Grau	Ca. 340 KB	Ca. 1,35 MB	Ca. 5,5 MB	Ca. 5,5 MB
Farbe	Ca. 1 MB	Ca. 4 MB	Ca. 16 MB	Ca. 16 MB

Zusätzlich kann man noch die Helligkeit, den Kontrast und die Farbsättigung eines Scans einstellen. Zumeist reicht hier jedoch die Standardeinstellung, da die meisten Korrekturen auch im Nachhinein durch das Graphikprogramm erfolgen können. Durch die Vorschauoption der TWAIN-Software sollte jedoch hier auch durchaus Potential zum eigenen Experimentieren bestehen.

Generell gilt beim Scannen die selbe Regel wie für das WWW. Je weniger Speicherbedarf, desto besser. Aus diesem Grund reicht eine maximale Auflösung von 300 dpi; die gesamte Dateigröße eines Bildes (Farbe!!!) sollte nicht größer als 100 KB sein. Dazu bedient man sich nun folgender Tricks:

1. Das Bild wird in Farbe gescannt und zunächst als unkomprimierte Datei (z. B. TIFF-Format oder Bitmap) gespeichert (so beugt man Qualitätsverlusten durch eine Komprimierung vor).

2. Dann wird die Datei als JPG-Date gespeichert (wir erinnern uns: Für das WWW kommen nur GIF und JPG-Bilddateiformate in Frage). Scannen wir nun ein Bild in Farbe mit 20 cm x 20 cm bei einer Auflösung von 300 dpi, so hätte man theoretisch eine Dateigröße von 16 MB (siehe Tabelle). Durch

den Kompressionsmodus des JPG-Verfahrens hat die Datei nur noch eine Größe von knapp 900 KB.

3. Um die Dateigröße weiter zu reduzieren wird im Graphikprogramm die Bildgröße auf eine Darstellung von 300 Bildpunkten (Pixel) gewählt. Dies reicht für eine ausreichende Bildschirm- und Druckqualität (Original: 2300 x 2300 Pixel). Die Datei ist nun nur noch 90 KB groß und kann publiziert werden.

Sollten größere Bilder unumgänglich sein, so bindet man meist eine kleine Vorschau (ca. 30 x 30 Pixel, je nach Bildformat) ein, die dann bei Bedarf durch einen Hyperlink auf die größere Datei mit Angabe der Dateigröße verweist.

Scannen mehrerer gleicher Vorlagen – ein Tip: Möchte man mehrere Bilder oder Vorlagen im gleichen Format scannen, so markiert man am Scanner am besten mit kleinen Tesafilm-Streifen die Vorlagenposition. So muss man nur einmal die Vorschau starten und kann dann in Folge alle Bilder direkt einscannen - die Vorschauzeit entfällt.

7.2 Scannen von Text und OCR

Beim Scannen von Text werden grundsätzlich nur Schwarz-Weiß-Modi (im Scan-Modus; kein Raster!) gewählt, um Ressourcen zu schonen. Ist die Qualität der Vorlage gut, kann man auf einfache S/W-Scans zurückgreifen, bei schlechteren Auflösungen muss man ggf. im Grau-Modus scannen. Die Textvorlage sollte genau horizontal und vertikal ausgerichtet im Scanner liegen. Man beginnt aus der verfügbaren Texterkennungssoftware heraus die Vorlage mit entsprechenden Einstellungen (200 dpi dürften genügen; die Bildgröße entspricht dem gewünschten Textausschnitt) einzuscannen. Ist der Scan erledigt, so aktiviert man die Texterkennung und der Scan wird automatisch in Text (so gut es die Software kann) übertragen. Dieser kann nun mit jedem Textverarbeitungsprogramm korrigiert und weiterverarbeitet werden. Die Erfahrung zeigt, dass Texterkennung (je nach Vorlagenqualität) meist sehr aufwendige Nachkorrektur erfordert. Es lohnt sich grundsätzlich abzuwägen, ob ein Abtippen nicht zu einem schnelleren Ergebnis führt.

Verschiedene OCR-Ergebnisse:

Der Anfang dieses Kapitels wurde ausgedruckt und mit einfachem Schwarz-Weiß und dann mit Streuraster S/W gescannt, anschließendes OCR ergab folgende - etwas ernüchternde - Ergebnisse:

5.2 Scannen von Text und OCR
Beim Scannen von Text werden grundsätzlich nur Schwarz-Weiß-Modi (im Sean-Niodus) gewählt, um Ressourcen zu schonen. rst die Qualität der Vorlage gut, kann man aufeinfache S/W-Scans zuruckgreifen, bei schlechteren Auflösungen muss man ggf im Grau-Modus scannen. Die Textvorlage sollte genau horizontal und vertikal ausgerichtet im Scanner liegen. Nun beginnt man aus der verfügbaren Texterkennungssoltware heraus, die Vorlage mit entsprechenden Einstellungen (200 dpi dürften genügen; die Bildgröße entspricht dem gewünschten Textausschnitt) einzuscannen. Ist der Scan erledigt aktiviert man die Texterkennung und der Scan wird automatisch in Text (so gut es die Software kann) übertragen. Dieser kann nun mit jedem Textverarbeitungsprogramm korrigiert und weiterverarbeitet werden. Die Erfahrung zeigt, dass Texterkennung meist sehr aufwendige Nachkorrektur erfordert. Es lohnt sich grundsätzlich abzuwägen, ob eine Abtippen nicht zu einem schnelleren Ergebnis führt.

5.2 Scannen von Text und OCR
Beim Scannen von Text werden grtindsätzlich nur Schwarz-Weiß-Modi (im Scan-Nlodus) gewählt, um Ressourcen zu schonen. Ist die Qualität der \,orlage gut, kann man aufeinfache S/W-Scans zurückgreit'en, bei schlechteren i\uflösungen muss man ggf im Grau-Modus scannen. Die Textvorlage sollte genau horizontal und vertikal ausgerichtet im Scanner liegen. Nun beginnt man aus der verFügbaren Texterkennungssotlware heraus, die Vorlage mit entsprechenden Einstellungen (200 dpi dürften genügen, die Biidgröße entspricht dem gevvünschten Textausschnitt) einzuscannen. Ist der Scan erledigt aktiviert man die Texterkennung und der Scan wird automatisch iii Text (so gut es die Software kann) übertragen. Dieser kann nun mit jedem Textverarbeitungsprcgramm korrigiert und weiterverarbeitet werden. Die Erfahrung zeigt, dass Texterkennung meist sehr aufwendige Nachkorrektur erfordert. Es lohnt sich

grundsätzlich abzuwägen, ob eine Abtippen nicht zu einem schnelleren Ergebnis führt.

7.3 Vektorisierung von Graphiken

Eine weitere Möglichkeit der Bildverarbeitung durch Scanner besteht in der Vektorisierung von Graphiken. So kann man bspw. einen Bauplan einscannen (S/W) und eine Vektor-Erkennung durchführen. Dies bedeutet, dass einzelne Linien und Abstände als solche erkannt und einzeln verarbeitbar bleiben. Zusätzlich können Bilder in voneinander unabhängig veränderbare Komponenten aufgeteilt werden.

7.4 Fazit

Die Digitalisierung von vorhandenen Unterlagen stellt eine Möglichkeit dar, auf ökonomische Weise Kurse im Internet durch bewährtes Lehrmaterial zu ergänzen. Bild- und Textdokumente aus bereits vorhandenen Unterlagen können so via Bildscan oder Texterkennung direkt in digitaler Form weiterbearbeitet werden. Allerdings ist beim Scannen das richtige Format des Endproduktes zu beachten. Durch die kontrollierte Reduktion der Dateigröße eines digitalisierten Bildes ist es möglich, eine erhebliche Minimierung von Ladezeiten (z. B. via Modem) zu erreichen, während qualitative Verluste in einem akzeptablen Maß gehalten werden können. Die Preislage und dennoch hohe Qualität von Flachbettscannern inklusive Bildbearbeitungs- und OCR-Software machen dieses Produkt mittlerweile nahezu jedem PC-Besitzer zugänglich. Trotz der technischen Möglichkeit der Digitalisierung von Bildern sollte deren Auswahl und Platzierung in Web-basierten Kursen wohlüberlegt sein. Die Verwendung von Bildern als Lehrmaterial oder als "Argument" sollte gezielt und auf Lernprozesse ausgerichtet sein. Eine "Überladung" mit Bildern kann z. B. durch ablenkende Wirkung negative Konsequenzen auf einen Lernprozess haben, ebenso wie der völlige Verzicht (Gefahr der Monotonie). Durch die gezielte Kombination von Bild und Text können Lernende motiviert und positive Gedächtniseffekte erreicht werden.

Möchte man ein digitalisiertes Bild modifizieren, um es beispielsweise an den Inhalt eines Kurses anzupassen oder wichtige Details hervorzuheben, reicht der "normale" Scan-Vorgang nicht aus. Im folgenden Kapitel wird daher auf die gezielte Bearbei-

tung eines bereits elektronisch vorliegenden Bildes eingegangen sowie die didaktische Verwendung von Bildmedien erörtert.

7.5 Weiterführende Literatur

Ihrig, S. & Ihrig, E. (1999). Professionell Scannen. Eine kompakte Einführung. Heidelberg: dpunkt.

8 Graphikdesign

In diesem Abschnitt soll nun in erster Linie vermittelt werden, wie man auf einfache Weise mit Graphikprogrammen umgehen und dennoch relativ schnell sichtbare Erfolge erzielen kann. Bereits im Abschnitt über Scannen wurde erläutert, wie man Bildmaterial bearbeiten kann, um beispielsweise die Dateigröße herabzusetzen. Hier sollen nun weitere Merkmale digitaler Bilder behandelt werden. Was diese Einheit nicht vermag, ist das Ersetzen eines Graphikdesign-Studiums oder das Wecken ästhetischen Bewusstseins. Vielmehr wird im Folgenden behandelt, wie man mit verschiedenen Bildformaten oder Graphikprogrammen arbeiten kann und welche Optionen diese zumeist bieten. Dabei soll unterschieden werden zwischen Pixel-Bildverarbeitungsprogrammen wie bspw. PhotoShop und Vektororientierten Bildbearbeitungsprogrammen wie Microsoft Powerpoint oder dem Zeichenprogramm in Microsoft Word (ein Teil der Funktionalität dieser Programme). Im Bereich der Pixel-Editoren soll zunächst verdeutlicht werden, wie ein bereits vorhandenes Bild verändert werden kann (z. B. nach einem Scan-Vorgang) und dann letztlich wie man selbst ein Bild von Grund auf erzeugt. Darüber hinaus wird auf die Bedeutung von Bildern als didaktische Medien eingegangen und deren Einsatz als visuelle "Argumente" erörtert.

8.1 Das Arbeiten mit Pixeln

In diesem Abschnitt werden in erster Linie Bilder thematisiert, die wie ein Mosaik aus einzelnen Pixeln zusammengesetzt sind. Ein Pixel ist die kleinste Bildschirmdarstellungseinheit. Nimmt man nun verschiedenfarbige Pixel und setzt sie zusammen, so entsteht ein Bild. Im folgenden soll nun ein solches Bild, das durch einen Scanner digitalisiert wurde, weiter bearbeitet werden. Hierzu bieten sich verschiedene Programme an, die unterschiedliche Oberflächen und Menüpunkte bieten. Das Programm PaintShop Pro 5 ist bspw. ein Shareware-Programm, welches diese Funktionalität bietet. Sie ist jedoch auch bei anderen aktuellen Graphikprogrammen geboten.

8.1.1 Das Bearbeiten eines bereits vorhandenen Bildes

Die im folgenden beschriebenen Schritte können selbstverständlich auch bei Bildern angewandt werden, die Schritt für Schritt von Anfang an selbst erzeugt wurden. Im Folgenden werden nur exemplarische Schritte von einer Vielzahl möglicher Schritte vollzogen. Ein Bild wurde mit 300dpi gescannt und im BMP-Format (unkomprimiert = 8,6 MB) gespeichert (1400 x 2000 Pixel). Dieses sieht aus wie folgt:

Abbildung 38: Ausgangsbild (links) und verändertes Bild (rechts)

Nehmen wir nun einmal an, es soll ein Kurs über Hunde erstellt werden und das kleine Schäferhund-Welpen soll deutlicher dargestellt sein. Dazu bietet sich zunächst die Helligkeits- und Kontrast- Steuerung an, mit der meist durch eine Vorschau experimentiert werden kann. Durch eine Zoom-Funktion kann man sich vorher die entsprechende Bildpartie, die man genauer bearbeiten möchte, näher anzeigen lassen. Bei obigem Beispiel wurde nun die Helligkeit um 20%, der Kontrast um 8% erhöht, es resultiert obiges Bild (rechts).

Da hier nur der Hund interessieren soll, wird der entsprechende Bildbereich durch Klicken und ziehen mit der Maus markiert, in den Zwischenspeicher kopiert, in ein neues Bild eingefügt und als solches dann abgespeichert. Dies sichert das Original und weiteren Versuchen steht nichts im Wege. Generell sollte vor wichtigen Schritten das Bild unter einem anderen Namen abgespeichert werden, damit eine Sicherung vorhanden ist und nicht jeder Schritt bei einem Fehler von Neuem begonnen werden muss.

Als neues Resultat erhalten wir folgendes Bild (links).

Abbildung 38: Ausschnitt

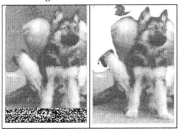

Da jetzt noch die restlichen sichtbaren Komponenten der Frau im Bild ausgeblendet werden sollen, gibt es verschiedene Möglichkeiten vorzugehen. Einerseits kann die Frau ausgeblendet werden, andererseits kann man die Komponenten des Hundes wählen und in ein neues Bild kopieren. Im Folgenden werden die Komponenten der Frau entfernt. Hierzu nimmt man ein Werkzeug, das automatisch farblich zusammengehörige Bereiche markiert (Bezeichnungen hierfür sind zumeist Zauberstab, Lasso etc.). Mit diesem Werkzeug auf die rote Fläche geklickt, wird diese markiert und somit löschbar. Es resultiert das Bild rechts oben. Mit Hilfe einer Freihandmaske entfernen wir nun noch den Rest, es resultiert folgendes Bild.

Abbildung 39: Retuschieren des Hunde-Bildes

Die Kanten sind hier etwas unsauber, mit etwas Geduld und Mühe könnte man jedoch auch diese sauber ausschneiden. Als nächstes wird nun die Hand der Frau mit einer deckenden Farbe überstrichen, damit diese auch zum Hund passt entnimmt man dem umliegenden Fell im Bild mit dem Werkzeug "Pipette" die Farbe und streicht vorsichtig über die Hand (im Bild). Diesen Prozess muss man ggf. mehrmals wiederholen und die Dicke des Pinsels sowie dessen Streuung variieren, um zum gewünschten Ergebnis zu gelangen.

Nimmt man nun erneut das Selektionswerkzeug Zauberstab und markiert den ganzen Hund, so kann man diesen Ausschnitt kopieren und bspw. in neue Bilder einfügen und mit Text kombinieren.

Abbildung 40: Resultat als JPG-Datei

8.1.2 Das Erzeugen eines neuen Bildes

Im Gegensatz zu bereits vorhandenen Vorlagen (die z. B. durch Scannen erstellt wurden), gilt es bei neuen Bildern gerade am Anfang mehr zu beachten. Möchte man ein neues Bild erzeugen, so muss man zunächst die Bildgröße und meist auch die zugrunde liegende Farbpalette wählen. Eine Farbpalette stellt die zur Auswahl stehenden Farben für ein Bild dar. So wie beim Scannen die Anzahl der Farben gewählt werden kann, kann (und muss ggf.) dies auch bei einem neuen Bild erfolgen.

An dem Beispiel eines Satzes an Schaltflächen für eine WWW-Navigation soll das Vorgehen beim Erstellen von Bildern mit Paint Shop Pro gezeigt werden.

Zunächst wird eine Größe von 90 Pixel Breite und 30 Pixel Höhe gewählt, die zugrunde liegenden Farben sollen dem CYMK-Schema entsprechen. Hier können natürlich auch andere Farbstufen geringerer Farbtiefe gewählt werden, das hängt ganz von der Intention des Gestalters ab.

Nun wird der Hintergrund der Schaltfläche bestimmt. Dies kann ein Muster oder eine einfache Farbe sein. Dies sollte jedoch grundsätzlich mit dem späteren Seitenhintergrund einer Web-Seite abgestimmt sein. Im folgenden wird ein leichtes Grau mit Hilfe eine Füllwerkzeuges auf den Hintergrund aufgetragen. Um jedoch ein interessanteres Muster zu gestalten, wird eine Farbverlauf zwischen dem leichten Grau und einem dunkleren Grauton gewählt. Das Resultat ist der Abbildung unten Mitte (links) zu entnehmen. Ein Rechteck in Schwarz umrandet nun die Schaltfläche, die Rohform ist so weit fertig und wird gespeichert (ein Tipp: bei kleinen Graphiken kann eine Ansicht bis zu 400% oder mehr sehr hilfreich sein).

Abbildung 41: Schaltflächen-Rohlinge

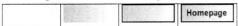

Als letzter Schritt erfolgt das Einfügen und Zentrieren von Text (hier in Schwarz) und das Speichern als JPG-Datei (WWW-Tauglichkeit!!!), die erste Schaltfläche ist fertig. Nimmt man nun den Rohling erneut und wiederholt diesen Prozess des Texteinfügens, so kann man aus der Urform die endgültigen Schaltflächen generieren.

8.2 Exkurs: Webgraphik via Drag & Drop

Das kommerzielle Graphikprogramm Adobe ImageStyler bietet gerade für (interaktive) Schaltflächen und Webseiten eine anwenderfreundliche Funktionalität. Durch einfaches Anklicken und Ziehen ("drag & drop") von Mustern oder Formen kann man eine WWW-Seite direkt gestalten. Auch kann man Schaltflächen direkt graphische (Übergang-)Effekte zuordnen.

Folgende Abbildung zeigt eine Arbeit, die mit dem Programm in zwei Minuten erstellt wurde.

Abbildung 42: Erstellen einer Seite mit Adobe ImageStyler

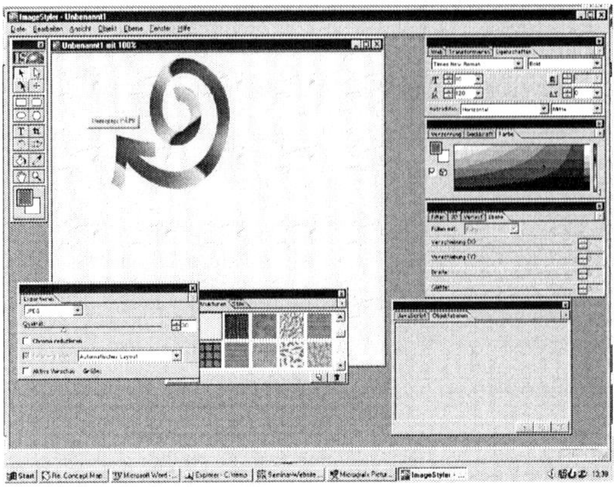

8.3 Das Arbeiten mit Vektoren

Ähnlich wie bei der Vorgehensweise des im Exkurs geschilderten Programmes arbeitet man bei Vektorgraphiken mit Objekten, denen individuelle Eigenschaften zugewiesen werden können. In diese Objekte können wiederum Pixelbilder eingefügt werden, die dann selbst als einzelnes Objekt vorhanden sind. Der Vorteil bei Vektor-Objekten liegt darin, dass bei Größenveränderungen oder beim Bearbeiten von Objekten die gleichen Relationen der jeweiligen anderen Objekte erhalten bleiben und nicht direkt eine globale Veränderung vorgenommen wird, wie dies bei Pixel-Bildern meist der Fall ist.

Gerade beim Erstellen von logischen Bildern, schematischen Darstellungen oder einfachen Verlaufsdiagrammen bieten sich Vektorprogramme an. Beispiele für solche Programmtypen sind das Graphikprogramm in Microsoft Word oder Powerpoint, die eine einfache Vektor-Funktionalität anbieten. In größerem Umfang enthält nahezu jede andere Graphiksuite ein solches Programm; heutzutage dient entweder ein einzelnes Programm der Erstellung von Pixel-Graphiken und Vektorgraphiken (z. B. Adobe Photoshop) oder bietet einzelne unabhängige Komponenten (z. B. Micrografx Graphic Suite) an.

Auch hier sei an einem Beispiel die Vorgehensweise mit einem solchen Programm verdeutlicht. Mit Microsoft Powerpoint soll eine einfache Skizze erstellt werden.

Nehmen wir an, es geht um die Visualisierung der Berechnung des Flächeninhaltes eines Kreises und Volumen von Zylindern. Beginnend mit einer leeren Präsentation und einer leeren Folie wird ein Kreis gezeichnet, in den man die Formel zur Flächenberechnung eintippt. Dann zeichnet man mit den Autoformen einen Zylinder, fügt neben die Abbildungen noch Textfelder mit Erläuterungen ein und fügt nach fertigem Arrangement die einzelnen Objekte zu einer Gruppe zusammen (Zeichnen - Gruppierung). Die Abbildung kann dann beispielsweise direkt über die Zwischenablage in eine entstehende HTML-Seite eingefügt werden. Das Resultat kann (in Powerpoint) wie in der folgenden Abbildung aussehen.

Abbildung 43: Graphik mit Powerpoint erstellt

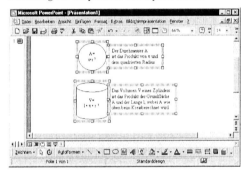

8.4 Didaktische Verwendung von Graphiken

Insbesondere im Bereich des Internet trifft man immer wieder auf überladene Seiten, die durch eine unübertroffene Vielfalt und Zahl von Bildern und animierten Bildsequenzen glänzen. Vor allem Benutzer eines Modems können durch solche Seiten an den Rand der Verzweiflung gebracht werden. Trotz des immensen Angebotes an Bildmaterial, das im Internet zur Verfügung steht, sollte man sich genau überlegen, wann und zu welchem Zweck Bilder in Web-Seiten eingefügt werden und ob das überhaupt notwendig ist. "Ein Bild sagt mehr als 1000 Worte" kann in diesem Kontext als absolutes Faktum nicht akzeptiert werden. Aus diesem Grund sollte man sich überlegen, warum und mit welcher Absicht Bilder verwendet werden. Eine wesentliche Funktion kann darin bestehen, textlastige Seiten etwas "aufzuheitern" und somit eine motivierende Funktion zu erzielen. Dabei sollten in den meisten Fällen auf animierte Bildsequenzen ("animated gifs") verzichtet werden, da diese einen eher ablenkenden Charakter haben. Generell sollte ein Bild einen Bezug zum Inhalt haben, da ansonsten eine Ablenkung des Lernenden zu befürchten ist. Neben dem besser zu Unterlassenden nun einige Hinweise für den "positiven" Einsatz von Bildern.

8.4.1 Bilder als Advance Organizer

Zur Verständlichkeit von Texten und zur Aktivierung entsprechenden Vorwissens schlug Ausubel (1960) die Verwendung von Organisationshilfen, den "Advance Organizers", vor. Diese zunächst textuell angedachten Einführungen sollten beim sinnvollen Lernen die Assimilation des neuen Lernstoffes erleichtern, d.h. dass neues Wissen einfacher in die vorhandene kognitive Wissensstruktur eines Lerners eingebettet werden kann. Advance Organizer sind

- abstrakter
- allgemeiner als der zu vermittelnde Inhalt
- erklären das Material oder
- zeigen Beziehungen auf.

Die wesentliche Funktion liegt darin, die Kluft zu überbrücken zwischen dem, was ein Lerner weiß und dem, was ein Lerner wissen muss, um eine Aufgabe erfolgreich zu bewältigen.

Gerade diese Funktion kann durch Abbildungen erreicht werden. Nehme man zum Beispiel eine Montageanleitung, die verschiedene komplexe Teilschritte erforderlich macht. Eine Abbildung kann vor jedem Abschnitt zeigen, wie das Modell zu diesem Zeitpunkt aussehen sollte. Die Funktion der Abbildung dient als abstrakte Orientierungshilfe, die in den weiteren Verlauf der Arbeit einführt, jedoch nicht die Komplexität des Textes ersetzen kann. Insbesondere die Erzeugung der Neugierde durch derart gestaltete Advance Organizer, insbesondere dann, wenn ein konzeptueller Konflikt entsteht, kann wesentlich zur Entstehung von Motivation beitragen. Das in Abschnitt "Bearbeiten eines vorhandenen Bildes" gezeigte Beispiel (siehe Kapitel 8) kann beispielsweise mit der Frage "Gibt es Hunde auf dem Mars" als Ausgangshinweis für eine Einheit über die Lebensbedingungen auf dem Mars dienen und hat gleichzeitig eine motivierende Funktion.

8.4.2 Bilder in der Elaboration Theory

Eine weitere Möglichkeit, Bilder direkt als Lernumgebung in Anlehnung an eine instruktionelle Strategie umzusetzen, bietet die Elaboration Theory von Reigeluth (Reigeluth, 1983). Die Sequenzierung des Lerninhaltes, die in dieser Theorie als "Vom Allgemeinen zum Spezifischen" beschrieben werden kann, lässt sich direkt in Kurse integrieren. Reigeluth selbst wählt eine Lupenmetapher, nach der spezifische Details aus abstrakteren Einheiten näher fokussiert werden. Ein mögliches Beispiel für eine solche Strukturierung ist in der folgenden Abbildung dargestellt. Durch hierarchische Sequenzierung werden typische Vertreter von Tiergattungen dargestellt.

Abbildung 44: Sequenzierte Darstellung von Tiergattungen

8.4.3 Exkurs: Wann sind Bilder informierende Bilder?

Informierende Bilder sollen dazu beitragen, dass die Rezipienten die bildhaft codierte Informationen möglichst eindeutig und vollständig erfassen. Informierende Bilder sind zu unterscheiden von

- Künstlerischen Bildern, die sich durch Offenheit für unterschiedlichste Rezeptionsweisen auszeichnen. Hier spielt Ästhetik und nicht Eindeutigkeit und Klarheit die entscheidende Rolle.

- Unterhaltende Bilder, bei denen die Unterhaltung und nicht der Informationsgehalt im Vordergrund steht.

Bei der Gestaltung von Bildmedien besteht die Aufgabe eines Bildautors im Wesentlichen darin, ein bestimmtes Argument und für dieses eine adäquate bildhafte Codierung zu finden, also ein Argument oder einen Beleg für ein Argument ins Visuelle zu übersetzen. Informierende Bilder lassen sich durch die Unterscheidung von Darstellungs- und Steuerungscodes ordnen (vgl. z. B. Ballstaedt, 1997; Weidenmann, 1993).

• Darstellungscodes sind die bildgestalterischen Möglichkeiten zur Vermittlung des Inhalts.

• Steuerungscodes hingegen ermöglichen es, die Rezeption zu steuern (z. B. durch Hervorhebungen).

Bei Darstellungscodes unterscheidet man zwischen Abbild (z. B. im Biologiebuch: ein Ohr) und logischen Bildern (z. B. graphische Repräsentation von Daten):

1. Bei Abbildern ist von Bedeutung wie man z. B. Räumlichkeit darstellt (bspw. durch Schattierung). Weiterhin ist zu beachten, dass das Verständnis der Abbildung generell vom Rezipienten abhängig ist. Bei vertrauten Gegenständen reichen zuweilen schon Konturen, während im Gegensatz hierzu fremde Gegenstände detailgetreu dargestellt werden sollten. Durch unterschiedliche Detailgenauigkeit lässt sich zudem die Aufmerksamkeit des Betrachters lenken (in der Regel auf die detaillierteren Bereiche).

2. Logische Bilder dienen der Visualisierung von abstrakten Strukturen, Relationen, Mengen etc. Sie sind im Gegensatz zu Abbildern nicht beschreibend, sondern symbolischer Natur. Bei logischen Bildern werden außerdem oft Konventionen verwendet, so stellt man beispielsweise eine Zeit-Achse typischerweise in Leserichtung waagerecht dar. Zur Unterstützung der Verständlichkeit logischer Bilder existieren mittlerweile auch DIN-Normen bzw. Empfehlungen zur Gestaltung von Graphiken.

Als letzter Begriff werden hier noch schematische Bilder aufgeführt. Zu dieser Kategorie zählen nach Weidenmann (1993) bspw. auch Landkarten. Eine weitere Unterteilung ist im Bereich der Steuerung vorzunehmen: Eine explizite bildhafte Steuerung bedient sich besonderer graphischer Hinweiszeichen wie z. B. Pfeile oder Schraffierungen. Im Gegensatz hierzu verwendet man bei impliziten Steuerungscodes graphische Verdeutlichungen bspw. durch besonders detailgetreue Darstellung von Ausschnitten oder ganzen Abbildungen.

Ein weiterer Punkt, der an dieser Stelle bedeutsam ist, ist die menschliche Informationsverarbeitung von Bildern. Neben verschiedenen Modellen, wie der Mensch Bilder verarbeitet, ist gerade das des Kanadiers Paivio als Argument für eine Text-Bild-Kombination zu verstehen. Paivio stellte 1971 erstmalig das Modell der dualen Kodierung vor. Er unterstellt in seinem Modell zwei getrennte Gedächtnissysteme: Ein sprachliches und ein bildliches Gedächtnissystem. Nach seiner Vorstellung werden Texte im sprachlichen und Bilder im bildlichen Subsystem gespeichert. Es kann allerdings auch zu einer Doppelkodierung kommen. Dies ist der Fall, wenn einfache und konkrete Bilder dargeboten werden, zu denen man sich leicht eine bildhafte Vorstellung aufbauen kann. Bei abstrakten Begriffen sollte keine Doppelkodierung stattfinden, da man sich bei diesen Begriffen keine Vorstellung machen kann. Folgende Abbildung soll das Modell Paivios verdeutlichen.

Abbildung 45: Das Modell der Dualen Kodierung

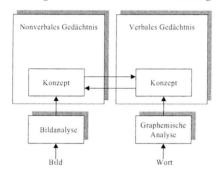

Querverbindungen zwischen den beiden Systemen kommen dann zustande, wenn sich die Gedächtnisinhalte auf ähnliche Inhalte beziehen. Für den Anwendungskontext bedeutet dies: Wenn eine Graphik und eine zugehöriger Lehrtext sich gegenseitig ergänzen, wird der entsprechende Inhalt mit größerer Wahrscheinlichkeit gespeichert, somit gelernt und kann dann wieder leichter aus dem Gedächtnis abgerufen werden.

8.5 Fazit

Die Gestaltung von Bildmaterial für Kurse stellt eine Aufgabe dar, die von einfachen Schaltflächen über einfache Skizzen bis hin zu Bildern und komplexen Graphiken reicht. Die in diesem Kapitel angesprochenen Verfahren sollen exemplarisch zeigen, wie ein Kursentwickler verschiedene Möglichkeiten an Software nutzen kann, um textbasierte Materialien durch Bildmedien zu ergänzen. Bildmedien können verschiedene Funktionen innerhalb eines Trainings übernehmen. Einerseits können Graphiken eher "textlastige" Seiten durch eine motivierende Funktion bereichern. Andererseits können Bilder aber auch anspruchsvollere Aufgaben übernehmen, wie beispielweise auf den Inhalt einer Seite aufmerksam machen oder den Text einleiten (im Sinne von "Advance Organizers"), komplexe Zusammenhänge visuell darstellen oder in Kombination mit Text zu einer verbesserten Behaltensleitung führen. Die Gestaltung und letztlich auch die Verwendung von Bildern sollte jedoch immer zweckoptimiert sein. Das heißt, ein Bild sollte aus einem beabsichtigten Grund auf einer Seite dargestellt sein. Wird diese Empfehlung nicht berücksichtig, können Lernende eher abgelenkt oder verwirrt werden. Da die Bildbearbeitung zu den aufwendigeren Verfahren gehört, ist eine solche Wirkung nicht nur für den Lernenden eine unangenehme Konsequenz.

Um derartige Erfahrungen zu vermeiden, sollte die Verwendung des Bildmaterials genauso gut überlegt sein, wie beispielsweise die Wahl und Gestaltung von Texten oder Prüfungsaufgaben. Die Wahl, was in welcher Form dargestellt wird, ist aus diesem Grund ein fester Bestandteil des gesamten Prozesses der Kursplanung, der im folgenden Kapitel behandelt wird.

8.6 Zitierte und weiterführende Literatur

Ausubel, D. P. (1960). The use of advance organizers in the learning and retention of meaningful verbal material. *Journal of Educational Psychology, 51*, 267-272.

Baumann, H. D. (1997). *Digitale Bildwelten. Step-by-step vom gescannten Foto zum kreativen Bild*. Heidelberg: dpunkt.

Ballstaedt, S.-P. (1997). *Wissensvermittlung. Die Gestaltung von Lernmaterial*. Weinheim: PVU.

Paivio, A. (1971). *Imagery and verbal processes*. New York: Holt, Rinehart & Winston.

Reigeluth, C. M. (Ed.)(1983). *Instructional design theories and model: An overview of their current status*. Hillsdale, N. J.: Erlbaum.

Weidenmann, B. (Hrsg.) (1994). *Wissenserwerb mit Bildern*. Bern: Huber.

9 Kursdesign

Wurden bisher einzelne Komponenten und Verfahren zur Gestaltung von Kursen für das Internet vorgestellt, soll in diesem Kapitel näher auf die organisatorischen Voraussetzungen und Bedingungen bei der Erstellung von Kursen eingegangen werden. Die Entwicklung von Kursen besteht letztlich nicht darin, Materialien zu einem bestimmten Themenbereich zu entwickeln und auf einen zugänglichen Bereich im Internet zu stellen, sondern stellt einen komplexen Prozess dar. Dieser Prozess beginnt mit einer Bedarfsanalyse, durch die die Rahmenbedingungen für eine Weiterbildung überhaupt erst ermittelt und überprüft werden. Daran anschließend spezifiziert man die Themenbereiche und legt in Abhängigkeit vorhandener Ressourcen die Plattform und den Bereich eines Trainings fest. Aus diesem Prozess sollte eine Zielanalyse folgen, aus der daraufhin die Lernziele und die Wahl der Vermittlungsstrategie folgen. Erst wenn diese Schritte abgeschlossen sind, beginnt man mit der Medienwahl und der Materialproduktion. Diese Prozesse verlaufen zwar in einer gewissen sukzessiven Folge ab, werden jedoch durch eine ständige Überprüfung der Angemessenheit eines jeden Schrittes (im Sinne einer formativen Evaluation) miteinander verbunden und gegebenenfalls erneut durchgeführt oder modifiziert. Durch einen abschließenden Vergleich lässt sich ein erstellter Kurs im Internet mit den Ergebnissen einer herkömmlichen Weiterbildungsmaßnahme vergleichen (summative Evaluation). In diesem Kapitel sollen die einzelnen Schritte eines Kursdesigns näher ausgeführt werden.

9.1 Die Bedarfsanalyse

Die Bedarfsanalyse steht zu Beginn der Entwicklung eines Trainings, denn hier wird erst der genaue Bedarf an einer Weiterbildungsmaßnahme ermittelt. Einen Bedarf zu spät festzustellen ist äußerst ungünstig, da beispielsweise im wirtschaftlichen Bereich mit erheblichen finanziellen Einbußen zu rechnen ist. Jedoch auch in anderen Bereichen (z. B. schulischen oder universitären Kontexten) ist eine zu späte Berücksichtigung von Wissens- oder Informationslücken mit weitreichenden negativen Konsequenzen wie einer Überforderung der Lernenden oder einer steigenden Unmotiviertheit sowie Wissensstagnation verbunden.

Um diesen negativen Konsequenzen entgegenzuwirken, sollten die Bedürfnisse der jeweiligen Zielgruppe erhoben werden. Eine der weit verbreitetsten Methoden hierzu ist das Interview. Durch die direkte Befragung, die beispielsweise auch durch gewisse Vorstrukturierungen unterstützt werden kann, werden Wissenslücken oder -Engpässe ermittelt.

Eine weitere Methode ist die Beobachtung. Durch gezielte Aufmerksamkeit auf Arbeitsprozesse können Mängel oder Fortbildungsbedarf ermittelt werden. Auch die kontrollierte Beobachtung von Personen in Rollenspielen (z. B. auch Bestandteil in sog. Assessment Centers) zählt zu den gebräuchlicheren Verfahren. Zusätzlich können Arbeitsproben oder Leistungstests dazu dienen, einen Weiterbildungsbedarf zu ermitteln.

Bedeutenden Einfluss auf das Erkennen von Trainingsbedarf resultiert aus den Urteilen von Experten. Durch den Vergleich des Standes eines Laien oder Novizen auf einem Bereich mit dem eines Bereichsexperten lassen sich häufig die fruchtbarsten Teilschritte für eine Bildungsmaßnahme ableiten.

Aus den ermittelten Informationen können erste Ziele und Lernkriterien formuliert werden. Diese stehen als Leitziele für den weiteren Entwicklungsprozess zur Verfügung.

Zur weiteren Planung und Realisierung werden jedoch wichtige weitere Informationen benötigt. Diese strukturellen Bedingungen von Klientel und zur Verfügung stehenden Ressourcen müssen in einer Analyse der Rahmenbedingungen bestimmt werden.

9.2 Analyse der Rahmenbedingungen

Nach der Ermittlung des eigentlichen Bedarfs an Weiterbildung, d. h. den eigentlichen Inhalten, sind weitere Analysen im Bereich der strukturellen Voraussetzungen erforderlich. Hierzu gehören sowohl die Voraussetzungen des Klientels eines Trainings (z. B. Bildungsniveau, zeitliche Ressourcen, Verteilung der Lerner über verschiedene Städte, schulisches Klientel, industrielles Klientel etc.) als auch die zur Verfügung stehenden materiellen Gegebenheiten (wie z. B. Ausstattung von und Zugang zu Computern, Räumen etc.) sowie finanzielle Voraussetzungen.

An diese Voraussetzungen gekoppelt sind die Entwicklung von Lernzielen, des weiteren Kursverlaufes sowie die eigentliche Form der Weiterbildung.

Nach gegebener Prüfung von Zielen eines Kurses und der Zielgruppe kann man sich beispielsweise für internetbasierte Weiterbildung entscheiden und die Lernziele spezifizieren.

9.3 Bestimmung der Lernziele und Gestaltung der Blaupausen

Die Bestimmung der Lernziele ist eng mit der Gestaltung des eigentlichen Kursverlaufes verbunden. Durch die klare und präzise Beschreibung von einzelnen Lernzielen und deren Verknüpfung untereinander erstellt man einen ersten groben Plan über die Ziele, die durch einen Kurs erreicht werden sollen. Die eigentliche Formulierung der Lernziele sollte in sehr engem Verhältnis zu dem Bedarf stehen, der in einer Analyse ermittelt wurde. So ist jedem formulierten Bedarf ein grobes Lernziel zuzuordnen, welches dann durch feinere Lernziele spezifiziert werden kann. Durch die Verschachtelung von Lernzielen in ihrer logischen Abfolge sowie der Integration von sukzessiven Komponenten, z. B. Wissenseinheiten, die aufeinander aufbauen, entsteht so ein Abfolgeplan. Hierbei ist zu beachten, dass jedem Lernziel entsprechende Kriterien zur Überprüfung desselben zugeordnet werden können, z. B. durch Tests. Diese Vorgehensweise ermöglicht eine einfachere Einbettung von Entscheidungselementen in einen Kurs.

Verbindet man einen solchen Abfolgeplan mit verschiedenen Entscheidungselementen (z. B. Lerner X muss in einem abschließenden Test mindestens achtzig Prozent richtige Antworten geben, bevor er zur nächsten Einheit darf), so erhält man die erste Blaupause des Kurses. Diese ist nun weiter detailliert auszuarbeiten, insbesondere durch die Festlegung auf bestimmte Treatments bzw. Module und Medien, durch die die zugehörigen Lernziele erreicht werden können.

Nach diesen Schritten legt man sich auf eine detaillierte Kursstruktur und den Ablauf eines Trainings fest. Dies führt letztlich zu einer Blaupause, in welcher Bedürfnisse, zugehörige Lernziele, entsprechende Maßnahmen und Medien in der jeweils korrekten zeitlichen und pädagogischen Relation verzeichnet sind. Durch diese Arbeit entsteht ein Produkt, das quasi als "Drehbuch" der Weiterbildungsmaßnahme betrachtet werden kann. Nach diesem Drehbuch werden nun Material und Kurs produziert.

9.4 Material- und Kursproduktion

Durch das Verfassen einer Blaupause bzw. Drehbuches eines Kurses können nun die darin spezifizierten Medien und Inhalte produziert werden. Dies umfasst beispielsweise Folien, Präsentationen oder Teilnehmerunterlagen in klassischen Fortbildungen, erstreckt sich im Bereich des web-basierten Trainings auf Bild-, Ton-, Video-, Animations- oder Simulationsproduktion und dem Entwerfen von HTML-Seiten. Sind alle Komponenten entwickelt, wird der Kurs fertiggestellt.

9.5 Evaluation von Kursen

Die Evaluation von Kursen ist ein Bestandteil, der ebenso bedeutend ist wie die eigentliche Kurserstellung selbst. Der oder die Kursentwickler müssen durch die Evaluation eines Trainingsverfahrens letztlich wissen, ob ihr Kurs besser oder schlechter als bisherige Verfahren ist, welcher Zeitbedarf notwendig ist, welche (Mehr-)Kosten damit verbunden sind und welche Akzeptanz seitens der Lernenden dem Training entgegengebracht wird. Es wird bei der Bewertung von Kursen zwischen der "formativen" und "summativen" Evaluation unterschieden. Mit der formativen Evaluation wird der gesamte Bereich der Kursentwicklung ständig begutachtet und anhand der Ergebnisse revidiert und verbessert (als kleine Merkhilfe kann man sich einprägen: mit FORMativer Evaluation wird ein Kurs noch geFORMT). Formative Evaluation wird durch ständiges Überwachen und Kontrollieren vorgenommen, z. B. ob Lernziele auch mit dem Bedarf übereinstimmen oder ob die Umsetzung einer Einheit auch den Lernzielen entspricht. Auch das Testen von Kursen oder die Begutachtung von Experten fällt in diesen Bereich.

Summative Evaluation wird nach der Entwicklung eines Kurses gemacht (SUMMative Evaluation bildet sozusagen die SUMME unter dem Strich ab, also am Ende). Hier wird beispielsweise der Wissenszuwachs von Lernenden verglichen, die (a) ein traditionelles Training durchlaufen mit (b) Lernenden, die ein Web-basiertes Training absolvieren. Generell kann überprüft werden, ob ein Kurs überhaupt Konsequenzen für einen Lernprozess hat, ob ein Kurs die Lernenden motiviert, wieviel Zeit ein Kurs benötigt, etc. Mit der summativen Evaluation wird letztlich ein qualitatives und quantitatives Gesamturteil für einen Kurs ermittelt.

9.6   Exkurs: Kursdesign mit Designer's Edge

Der gesamte Prozess der Kursentwicklung ist in all seinen Phasen durch verschiedenste notwendige Tätigkeiten und Aufgaben sehr komplex. Ein Software-Werkzeug, welches den auf hohem und anspruchsvollen Niveau arbeitenden Kurs- oder Trainingsentwickler in besonderem Maße entlasten kann, ist das Produkt Designer's Edge, welches als ShareWare mit zeitlicher Begrenzung von der Internet-Seite des Herstellers "Allen Communication" heruntergeladen werden kann (www.allencomm.com). Das Programm unterstützt den Entwickler beginnend mit verschiedenen Anweisungen und Informationen sowie Formularen zur Bedarfsanalyse bis hin zur Evaluation eines Projektes. Dabei werden alle Phasen des Projektablaufes bei einer Trainingsentwicklung einzeln abgehandelt, wobei der Entwickler für jedes Projekt anhand einer Checkliste vorgehen kann. Die bereits integrierten Formulare können für jeden Zweck speziell abgewandelt werden und durch integrierte Projektbericht-Vorlagen können innerhalb kürzester Zeit (Rechenschafts-) Berichte für die einzelnen Projektphasen generiert werden.

Abbildung 46: Kursdesign mit Designer's Edge

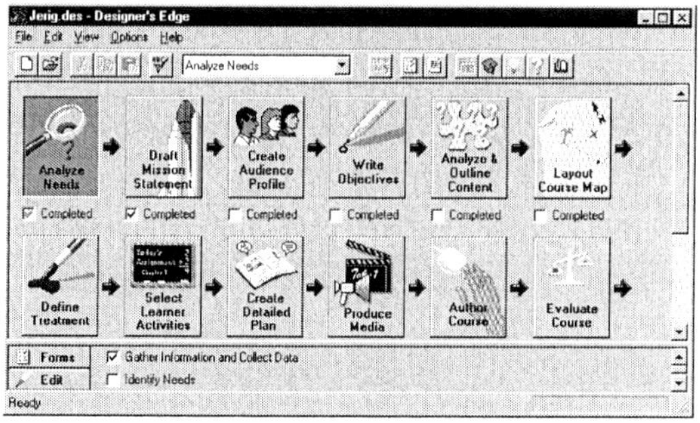

Besondere Raffinesse erhält das Programm durch die Anbindung von FlowCharter-Programmen und professionellen Entwicklerwerkzeugen wie beispielsweise Asymetrix ToolBook. Diese Programme lassen sich direkt bei Bedarf, der anhand des Planungsvorganges ermittelt wird, von Designer's Edge aus aufrufen.

9.7 Beispiel einer Kursplanung

Die in diesem Kapitel beschriebene Vorgehensweise soll im Folgenden anhand eines Beispieles aus dem wirtschaftlichen Bereich skizzenhaft demonstriert werden: Frau Müller aus der Personalabteilung unterhält sich mit dem Sachbearbeiter Herr Maier.

Bedarf wird angezeigt: Im Gespräch kommt Herr Maier auf die Textverarbeitungssoftware, die alle 65 MitarbeiterInnen aus der Abteilung nutzen und meint, dass viele Mitarbeiter ihre Einzüge mit Leertasten machen und auch ihre Kommata vielfach von Hand setzen. Dies gibt Frau Müller zu denken, hat man doch gerade erst die neueste Version der Textverarbeitung bestellt und hier gerade wegen der automatisierten Funktionen viel Geld investiert.

Erste Orientierung: Um den Äußerungen von Herrn Maier nachzugehen, unterhält sich Frau Müller kurz mit fünf anderen Sachbearbeitern und findet den Verdacht, dass die Mitarbeiter wenig über die automatisierte Textverarbeitung wissen, bestätigt.

Bedarfsanalyse: Frau Müller setzt sich nun mit dem EDV-Experten der Abteilung zusammen und entwirft einen Fragebogen mit einigen Fragen zum Textverarbeitungsprogramm. Dieser kurze Fragebogen wird von rund der Hälfte der Mitarbeiter ausgefüllt. Zudem führt Frau Müller mit zehn SachbearbeiterInnen ein Interview und zeigt in Zusammenarbeit mit dem EDV-Berater mögliche Funktionen des Textverarbeitungsprogramms. Zusammenfassend stellt Frau Müller fest, dass nur etwa 10% der Befragten das Potential einer automatisierten Software nutzen, sich aber alle eine Erleichterung durch die Automatisierung versprechen. Zusammen mit fünf Sachbearbeitern und dem EDV-Experten klärt Frau Müller ab, an welchen Funktionen denn nun eigentlich Bedarf besteht. Diese Ergebnisse und die zuvor erhobenen Daten fasst Frau Müller in einem Bericht zusammen.

Lernzielformulierung: Anhand des ermittelten Bedarfs verfasst Frau Müller entsprechende Lernziele, wie bspw. "Die Sachbearbeiter sollen die automatische Silbentrennung aktivieren können.".

Erste formative Evaluation: Die fertige Bedarfsanalyse und die spezifizierten Lernziele legt Frau Müller dem EDV-Experten vor, der sich bestens mit der Software auskennt. Sie überarbeiten gemeinsam das bisherige Ergebnis.

Analyse der Ressourcen: Nun prüft Frau Müller die vorhandenen Ressourcen. Alle Mitarbeiter haben einen Rechneer mit Internetanschluss und Browser zur Verfügung und sind mit den elementaren Funktionen der Textverarbeitungssoftware vertraut. Sie entschließt sich, einen kleinen Kurs für das firmeneigene Intranet zu entwickeln, so dass bei möglichen zeitlich freien Ressourcen der Kurs benutzt werden kann.

Analyse des Lehrstoffs und erste Blaupause: In Zusammenarbeit mit den jeweiligen Experten wird nun ermittelt, was tatsächlich im Kurs vermittelt werden soll. Eine Skizze des zu entwickelnden Kurses wird angefertigt.

Didaktisches Design: Frau Müller beschließt, eine Gliederung vom Groben zum Feinen zu machen, d. h. sie lehnt sich an der "Elaborationstheorie" an. Diese beinhaltet den Aspekt, dass Lernende, die von einem Bereich schon etwas wissen, nicht alle Details bearbeiten müssen, während bei Bedarf alle Details über ein bestimmtes Thema abgerufen werden können. Außerdem soll zu jedem Schlüsselpunkt eine entsprechende Abbildung des jeweiligen Bildschirms angezeigt werden. Bei komplexen Vorgängen sollen kleine Bildschirmanimationen die Vorgehensweise demonstrieren. Zu jedem inhaltlichen Punkt soll außerdem eine Frage gestellt werden, die es dem Lernenden ermöglicht zu prüfen, ob das Gelernte verstanden wurde.

Detaillierter Kursplan: Nun werden die Lernziele mit dem didaktischen Design in Einklang gebracht und ein detaillierter Kursplan entwickelt.

Formative Evaluation: Dieser wird wiederum durch eine Teambesprechung mit verschiedenen Mitarbeitern besprochen und bei Bedarf verändert.

Medienproduktion: Anhand des Planes werden nun die Lehrtexte, die Bilder und Animationen entwickelt. Diese werden ebenfalls begutachtet und bei Bedarf revidiert.

Kursentwicklung: Der Kurs wird nun direkt auf HTML-Basis für das firmeneigene Intranet produziert.

Formative Evaluation: Einem oder mehreren Lerner(n) wird der Kurs demonstriert. Das Resultat aus den entstehenden Meinungen und Dialogen wird im überarbeiteten Kurs berücksichtigt.

Summative Evaluation: Der Kurs wird den Mitarbeitern nun verfügbar gemacht. Anhand von Arbeitsproben und erneutem Testen einer Stichprobe von Mitarbeitern zeigt sich, dass die Maßnahme erfolgreich war. Durch weiteres Feedback werden weitere Änderungen am Kurs vorgenommen.

In einer solchen oder einer ähnlichen Form kann der Kursentwicklungsprozess ablaufen. Allerdings sei hier noch erwähnt, dass die Realität wesentlich komplexer ist: Hier gilt es, mit der Firmenleitung Kalkulationen durchzuführen, das Einverständnis des Betriebsrates einzuholen, etc. Der Anspruch auf Vollständigkeit wird hier also nicht erhoben, sondern lediglich exemplarisch der wesentliche Prozess aus Sicht einer Kursentwicklerin geschildert.

9.8 Fazit

Die Entwicklung eines Kurses beginnt nicht erst mit der tatsächlichen Produktion oder Umsetzung und endet auch nicht mit dem Ablegen eines fertigen Produktes auf einem im Internet zur Verfügung stehenden Platz. Die Entwicklung eines Kurses beginnt mit der Ermittlung eines tatsächlichen Bedarfs einer Trainingsmaßnahme und endet eigentlich nie, da sich ständig Änderungen, Aktualisierungen und Verbesserungen vornehmen lassen. Insgesamt stellt ein solcher Prozess einen Rahmen dar, der eines eigenen Projektmanagements bedarf. Die gezielte Zusammenarbeit von Bereichsexperten, Entwicklern und Personalentwicklern stellt im professionellen Rahmen eine solide Basis dar.

Besonderer Wert sollte generell auf den formativen Evaluationsaspekt gelegt werden: Durch eine ständige Überarbeitung und Verbesserung von Konzeptionen unter Einbezug des eigentlichen Klientels, nämlich der Lernenden, wird überhaupt eine Qualitätssicherung möglich. Selbstverständlich ist auch die abschließende summative Evaluation unabdingbar, denn sie zeigt, ob die Maßnahme als Ganzes überhaupt gegriffen hat.

Von einer "reinen" Materialproduktion, ohne den Einbezug von ökologischen und ökonomischen Aspekten, ist in jedem Fall abzuraten.

Ist computerunterstütztes Training fester Bestandteil einer Unternehmenskultur, empfiehlt es sich gegebenenfalls den Entwicklungsprozess selbst durch Software zu unterstützen. Falls dadurch umfangreicheres Lernmaterial und viele Lernende zu verwalten sind, wäre es überlegenswert, professionelle Autorensysteme zur Erzeugung von Kursen und zugehörige Lern- und Kursverwaltung zu verwenden. Im Folgenden Kapitel werden exemplarisch Beispiele von Autorensystemen und zugehöriger Lernerverwaltung zur Entwicklung von Web-basierten Trainingsprogrammen vorgestellt.

9.9 Weiterführende Literatur

Kaufman, R.; English, F.W. (1988). *Needs assessment. Concept and application.* Englewood Cliffs, NJ.: Prentice Hall.

Queeney, D. S. (1995). *Assessing Needs in Continuing Education : An Essential Tool for Quality Improvement.* New York: Jossey-Bass .

10 Professionelle Werkzeuge für Kursdesign und Lernerverwaltung

Verlässt man die Ebene der HTML-basierten Werkzeuge zur Kursgestaltung und begibt sich in den Bereich der Autorensysteme, findet man schnell sehr leistungsfähige Programme. Diese Programme schränken die absolute Gestaltungsfreiheit zwar zumeist ein, bieten dafür jedoch ein speziell auf Wissensvermittlung und -überprüfung zugeschnittenes Angebot an Funktionalität. Diese Spezialisierung macht sich allerdings deutlich im Preis dieser Software bemerkbar: Sind die bereits aufgeführten und erläuterten Programme entweder kostenlos, als Shareware oder unter DM 200,- zu erstehen, liegen professionelle Autorensysteme in einem preislichen Rahmen von mehreren tausend Mark (auch bei entsprechenden Schulversionen).

Ein wesentlicher Vorteil der professionellen Werkzeuge besteht darin, dass in den meisten Fällen ein Lernerverwaltungssystem erhältlich ist, das sowohl die automatische Verwaltung von Lernenden als auch die automatische Verwaltung von Kursen möglich macht. Durch die Kombination aus Autorensystem und Kursverwaltung lassen sich technisch komplette virtuelle Bildungseinrichtungen erstellen. Der Preis für reine Verwaltungsprogramme liegt jedoch im fünfstelligen Bereich und ist zudem abhängig von der möglichen Anzahl an Lernenden. Insbesondere bei einer größeren Anzahl von Lernenden wird es notwendig auf automatisierte Lernerverwaltung zurückzugreifen, da beispielsweise die Ergebnisse aus Testaufgaben nicht mehr manuell ausgewertet werden können. Hier bieten Kombinationen aus Autorensystem und Lernerverwaltung ein ökonomische Lösung, indem zu bearbeitende Prüfungsaufgaben automatisch ausgewertet und durch das Verwaltungssystem aufgezeichnet werden. Letztlich kann dann das Erzeugen von Zertifikaten oder Zeugnissen automatisch erfolgen, der Lehrkörper kann sich die Zusammenfassung über Kurse oder Lerner anzeigen lassen, ohne in den Lernprozess eingreifen zu müssen.

Die Verwendung einer Kombination von Autorensystem und Verwaltungswerkzeug ist nicht zwingend notwendig, da mit dem Autorensystem erzeugte Kurse auch außerhalb eines verwaltenden Systems verwendbar sind. Aufgrund der speziellen Funktionalität dieser Programme zur Kurserstellung sollen im folgenden typische Vertreter kurz dargestellt werden.

10.1 Kursdesign mit ToolBook

Das Autorensystem ToolBook der Herstellerfirma Asymetrix (www.asymetrix.com) zählt zu einem der etabliertesten Programme, die sich speziell mit der Entwicklung von Kursen beschäftigen. Wie der Name schon andeutet, liegt ToolBook eine Buchmetapher zugrunde. Das heißt, man gestaltet einzelne Seiten, die zumeist in linearer Abfolge präsentiert werden. Ausgehend von einer Vielfalt an Vorlagen und Layouts kann ein Kursentwickler schon im Vorfeld einen kompletten Kursrahmen erstellen lassen, der dann mit Inhalten gefüllt werden kann. Hierbei stehen verschiedene Alternativen zur Verfügung, z. B. die Verbreitung eines Kurses auf CD-Rom, die Verwendung im Internet oder die Verwendung von Kursen im speziellen Kursverwaltungsprogramm Librarian, welches ebenfalls von Asymetrix zu beziehen ist. Mit ToolBook entwickelte Kurse können als Web-Based Training entweder direkt als HTML/JAVA-Version generiert werden, jedoch auch durch einen Browser-PlugIn (unter der Bezeichnung "Neuron") abgerufen werden.

Einen Kurs entwickelt man in ToolBook, indem man verschiedene vordefinierte Elemente (sogenannte "Widgets") aus einem zur Verfügung stehenden Katalog auf die einzelnen Seiten eines "Buches" zieht. Anschließend kann man die so erzeugten Textfelder, Videoabspieler oder Fragenelemente nach eigenem Belieben bearbeiten.

Abbildung 46: Kursdesign mit ToolBook

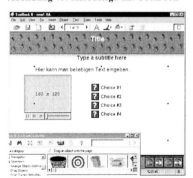

Durch das Definieren richtiger oder falscher Antworten bei Testaufgaben wird es ermöglicht, eine automatische Bewertung von Lernenden vorzunehmen. Zusätzlich ist
es möglich einen detaillierten Bericht über das Leseverhalten eines Lernenden (be-
suchte Seiten und benötigte Zeit) erstellen zu lassen. Diese Berichte können dann via
eMail an den Kursleiter verschickt werden, aber auch direkt an das Lernerverwaltungssystem "Librarian" gesendet werden.

10.2 Kursdesign mit Authorware

Macromedias (www.macromedia.com) Autorenumgebung Authorware bietet
einen Zugang zur Kursentwicklung, der direkt über die Blaupause oder die
Verlaufsbestimmung eines Kurses führt. Auch bei diesem Produkt ist ein zusätzliches
Kurs- und Lernerverwaltungssystem "Pathware" erhältlich, das sich direkt mit
Authorware-Kursen verbinden lässt. Die Vorgehensweise bei der Kursgestaltung
beginnt bei Authorware mit dem Skizzieren des Kursverlaufes. Ähnlich wie bei
einem Flow-Charter Programm werden spezielle Komponenten, wie beispielsweise
Inhaltsbereiche oder Wissensabfragen arrangiert, um dann letztlich diesen Ablauf mit
Inhalten zu füllen.

Abbildung 47: Kursdesign mit Authorware

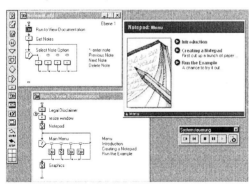

Im Gegensatz zu ToolBook gibt es keinen direkten Export in HTML, d. h. zur Nutzung von Authorware-Kursen im Internet wird ein Plug-In benötigt. Damit die Ladezeiten von Authorware-Kursen nicht zu lange werden, wird ein Kurs für die Nutzung

im Internet vorher in kleine Stücke zerteilt, benötigte Komponenten werden bei Bedarf nachgeladen. Auch bei diesem Autorensystem stehen viele Methoden zur Wissensüberprüfung und Lernerkontrolle zur Verfügung, die ebenfalls eine automatische Auswertung zulassen. In Kombination mit dem Verwaltungsprogramm "Pathware" stellt auch dieses Produkt ein umfangreiches professionelles Werkzeug zur Entwicklung von Web-basierten Kursen und deren automatisierten Verwaltung dar.

10.3 Fazit

Professionelle Programme zur Erstellung Web-basierter Trainingsprogramme ermöglichen in erster Linie eine erleichterte Kursproduktion unter Berücksichtigung verschiedenster Interessen, indem schon zahlreiche Vorlagen angeboten werden. Auch im Bereich der Wissensüberprüfung und der Lerner- und Kursverwaltung sind diese Systeme oftmals die optimale Wahl, wenn auch äußerst kostspielig. Allerdings bezieht sich diese Erleichterung lediglich auf den Prozess der definitiven Kursentwicklung im Sinne eines Produktes. So müssen Texte, Graphiken etc. dennoch separat erstellt werden. Auch besteht die Gefahr darin, sich durch Vorlagen verleiten zu lassen, eigene didaktische Konzepte nicht zu realisieren oder am Bedarf vorbei zu entwickeln.

Bestens eignen sich die hier geschilderten Autorensysteme jeweils mit ihrer speziellen Kurs- und Lernerverwaltung, die jedoch nur bei sehr großen Lernerzahlen und einer gewünschten Automatisierung der Weiterbildung sinnvoll erscheinen.

Generell ist bei den dargestellten Systemen zu kritisieren, dass sich ihr wesentliches Konzept in den letzten fünf Jahren kaum geändert hat. Mittels eines Knopfdrucks kann man die entwickelten Computer-Basierten Trainings zwar nun als Web-Based Training zur Verfügung stellen, das zugrundeliegende didaktische Grundprinzip orientiert sich jedoch immer noch an Theorien und Ideen der 60er und 70er Jahre: Stetiger Wechsel von Informationspräsentation und Wissensabfrage auf Ebene des individuellen Lernenden. Dieses Konzept ist sicherlich veraltet und wird neuen Ansätzen des Lehrens und Lernens in keiner Weise gerecht. Wissen ist keine Pflanze, die man allein im Gewächshaus aufziehen kann. Wissen entwickelt sich durch soziale Interaktion und treibt so seine Blüten. Auf diese grundlegende Erkenntnis und der Kritik an der bisher üblichen Verfahrensweise computerbasierter Trainings Programme, die für

Individuallerner entworfen wurden, in eine internetfähige Version zu bringen, ohne das didaktische Konzept zu überdenken, wird im letzten Kapitel eingegangen.

10.4 Weiterführende Literatur

Eberhard, H. (2000). Toolbook II Instructor 7. Interaktive Anwendungen für CD-ROM und Internet entwicklen. München: Addison-Wesley.

Schifman, R. S., van As, S. & Ganci, J. (1999). Authorware Attain Praxis. Berlin: Springer.

Schifman, R. S., van As, S., Ganci, J., Kerman, P. McGuire, J. & Wells, W. (1999). The Ultimate Authorware Attain Tutorial. An Interactive Book and CD Package. Berlin: Springer.

11 Wissen als Resultat sozialer Interaktion - Ein Ausblick

Die in diesem Werk geschilderten und gezeigten Möglichkeiten, das Internet so-wohl passiv zu nutzen als auch aktiv selbst Kurse zu entwickeln sollen zusammen ein Potential bilden, das es dem Leser oder der Leserin ermöglicht, selbst das Internet in einer Lehr-Lern-Form zu verwenden. Sollte der Leser selbst Kurse entwickeln und anbieten, sei es mit einfachen kostenlosen oder auch professionellen Programmen, gilt es generell die Bedürfnisse des einzelnen Lerners zu berücksichtigen. Dieses Prinzip wird häufig vernachlässigt, da nach wie vor die Konzeption des traditionellen Unterrichts sowohl unsere Lernkultur als auch insbesondere die Auffassung vom computerbasierten Lernen dominiert. Dies bezieht sich beispielsweise auf die Lerninhalte. Lerninhalte werden als geschlossene Wissenssysteme betrachtet, die in ihrer Entwicklung abgeschlossen und klar strukturierbar sind. Demnach kann Lernen auch in systematischer und linearer Art erfolgen, wobei Lernen hier generell als einseitig gerichteter rezeptiver Prozess verstanden wird. Wird Wissen in dieser Tradition ver-mittelt – wie es bei den meisten Trainingsprogrammen der Fall ist – handelt der Leh-rende nach der traditionellen Auffassung des Lehrens und Lernens. Diese ist insbe-sondere dann von Nachteil, wenn "aktives" Wissen vermittelt werden soll. Mit "ak-tiv" ist die Form von Wissen gemeint, das Lernende auch erfolgreich auf Situationen übertragen können, die nicht in unmittelbarem Zusammenhang mit dem eigentlichen Lernprozess stehen. Während durch die "traditionelle" Unterrichtsgestaltung eher "träges" Wissen vermittelt wird, wird die Vermittlung "aktiven" Wissens durch die Gestaltung von Lernumgebungen nach der "konstruktivistischen" Auffassung von Lehr-Lernprozessen begünstigt.

11.1 Die "traditionelle" Auffassung des Lehrens und Lernens

Bei der Unterrichts- oder Kursgestaltung steht am ehesten die Frage im Vor-dergrund, wie man didaktisch den Lehrinhalt so aufbereiten kann, dass er (möglichst) optimal von allen aufgenommen und dann wiedergegeben werden kann. Dies wiederum bestimmt die Position und Funktion des Lehrenden, denn dieser präsentiert und vermittelt das Wissen mit ziemlich genau vorhersagbaren Unterrichtsergebnissen. Das eigentliche Ziel dieser "traditionellen" Unterrichtsphilosophie ist es, dass die Lernenden die gesetzten Leistungskriterien erfüllen, wobei diese zumeist eindimensional und vom Lehrkörper festgelegt sind.

Insbesondere das Ziel, dass didaktisch ausgearbeitete Lerneinheiten wiederholbar zu den gleichen Ergebnissen führen sollen, ist ein wesentliches Prinzip, das den Computer-Basierten Trainings zugrunde liegt.

Dieses Konzept der traditionellen Unterrichtsphilosophie hat erhebliche negative Konsequenzen, sowohl auf der Seite der persönlichen Bedürfnisse von Lernern als auch auf der Seite der Qualität des vermittelten Wissens:

- Es werden "zerstückelte" Wisseneinheiten gelehrt, die von Lernenden nicht zu einem Gesamtbild zusammengeführt werden können.
- Lernen wird in gewisser Weise aufgezwungen, die Motivation kommt von außerhalb (sogenannte "extrinsische Motivation"), wobei der eigene Antrieb zum Lernen (die "intrinsische Motivation"), der Spaß, Neues zu entdecken und die Neugierde nur am Rande gefördert werden.

Letztlich führt dies alles zu einer Vermittlung "trägen" Wissens, das ist Wissen, das zwar in irgendeiner Form im Gedächtnis gespeichert wird, jedoch nicht oder nur beschränkt angewendet werden kann. Die Kritik an dieser Unterrichtsmethode kann damit zusammengefasst werden, dass Wissen vermittelt wird, dem der eigentliche "Sinn" fehlt: Zweck des Lernens ist das Lernen selbst.

11.2 Die "konstruktivistische" Auffassung des Lehrens und Lernens

Im Gegensatz dazu stehen die neueren Ansätze des Lehrens und Lernens, die unter dem Begriff "konstruktivistische Lernformen" subsummiert werden. Konstruktivismus ist in dieser Verwendung nicht als Wahrnehmungsphänomen zu verstehen, sondern meint hier, dass Lernende ihr eigenes individuelles Wissen in Abhängigkeit von ihren subjektiven Erfahrungen und ihrer eigenen Umwelt konstruieren. Erste historische Ansätze zu dieser Auffassung findet man schon bei Dewey (1859-1952). Dewey führte den Begriff des "verständigen Lernens" ein. Damit meinte er, dass Lernende vom Lehrinhalt sowohl betroffen sein sollen als auch vielfältige Handlungs-

und Erfahrungsmöglichkeiten haben sollen. Zu lernendes Wissen solle einen Bezug zum realen Leben in der Gesellschaft haben. Ähnlich argumentierte in den 60er Jahren Bruner mit seinem Konzept des "entdeckenden Lernens". Lernende sollen sich aktiv mit Problemen auseinandersetzen, eigene Erfahrungen sammeln, um letztlich dadurch, gesteuert durch intrinsische Motivation, neue Einsichten in komplexe Inhalte, Konzepte und Prinzipien zu erlangen.

In dieser Tradition versteht sich auch die (gemäßigt-) konstruktivistische Unterrichtsphilosophie und deren Prinzipien. Letztere besagen z. B., dass Denken und Handeln eines Individuums sich nur im jeweiligen Kontext und der jeweiligen Situation verstehen lassen und Wissen somit stets von der jeweiligen Situation abhängig ist, in der es benötigt oder abgerufen wird (Lernen ist stets situiert). Wissen an sich wird durch das wahrnehmende Subjekt konstruiert und das Wissen in einer Gesellschaft stellt immer "geteiltes Wissen" dar, d. h. Wissen entwickelt sich durch soziale Interaktion und ist nur durch die Gemeinschaft in seiner Ganzheit verfügbar.

Von diesen grundlegenden philosophischen Positionen lassen sich einige Konsequenzen zur Wissensvermittlung ableiten. So ist Wissen immer als "unabgeschlossen" zu bezeichnen, d. h. Lernen endet letztlich niemals und ist abhängig von individuellen und sozialen Wissenskonstruktionsprozessen. Dementsprechend ist Wissen nicht ein-, sondern mehrdimensional und wird durch aktive konstruktive Prozesse erschlossen. Dies wiederum hat Auswirkungen auf die Rollen von Lehrenden und Lernenden. Lernende sollten ihren Wissensbildungsprozess alleine durchführen und somit sollten Lehrende primär als Berater und Mitgestalter von Lernprozessen agieren. Das übergeordnete Ziel liegt darin, dass Lernende denken und handeln wie Experten.

Die Frage ist nun, wie setzt man solche Prinzipien um? Ein wesentlicher Punkt ist, dass anhand situierter und authentischer Probleme gelernt wird. Dies bedeutet, dass reale Probleme aus verschiedenen Situationen des Alltags als Basis für Lernprozesse verwendet werden. So lernt man beispielsweise die Funktionsweise eines Textverarbeitungsprogramms am besten, indem man mit dem Programm arbeiten und Probleme lösen muss. Ein weiterer Aspekt wird als "Lernen in multiplen Kontexten" bezeichnet. Wissen soll in verschiedenen Situation angewendet werden können. Damit zum Beispiel eine Gesprächsführungstechnik tatsächlich angewendet werden kann, sollte diese zuvor in unterschiedlichen Situationen und Kontexten trainiert werden. Die Wahrscheinlichkeit, dass der Lernende den Transfer auf neue Situationen mei-

stert wird dadurch erhöht. Dementsprechend sollten auch alternative Betrachtungsweisen Bestandteil des Lernens sein. "Unter multiplen Perspektiven lernen" bedeutet,
dass Wissen in einen systemischen Kontext eingebettet wird, der es dem Lerner erlaubt, einen Sachverhalt unter verschiedenen Gesichtspunkten zu betrachten. Ein wesentlicher Punkt zur Schaffung von anwendbarem Wissen in einer sozialen Gemeinschaft ist jedoch die Anforderung, in einem sozialen Kontext zu lernen. Durch alternative Betrachtungen, Anregungen und dem Austausch von Wissen entsteht das, was
als "Wissenskultur" bezeichnet werden kann und was letztlich den Mehrwert an Wis-
senskapital ausmacht (und die Flexibilität von Schulen, Firmen und Universitäten erhöht).

11.3 Problembasierte Wissensvermittlung

Nach diesen Ausführungen zur konstruktivistischen Auffassung von Lehr-
Lernprozessen soll nun beispielhaft ein Ansatz zur Gestaltung von Lernumgebungen
geschildert werden, der diesen Prinzipien gerecht werden kann: Die Gestaltung von
Lernumgebungen nach dem Prinzip des "Problem-Based Learning" (PBL). PBL hat
seinen Ursprung in der medizinischen Ausbildung und hat seit den sechziger Jahren
einen immer breiter werdenden Zuspruch in verschiedensten Disziplinen gefunden
(Barrows 1985). Die Vorgehensweise bei dieser Art der Ausbildung kann wie folgt
beschrieben werden: In Kleingruppen mit einer optimalen Größe von etwa vier Lernenden wird ein authentischer Fall (z. B. der Fall eines Patienten) präsentiert. Dieser
Fall wird in der Kleingruppe unter der Leitung eines Tutors respektive der enthalte-
nen Informationen und Hinweise analysiert. Aus dieser Analyse muss der Bedarf resultieren, entsprechende weitere Informationen und Wissen zu sammeln. Diese werden benötigt, um den Fall tatsächlich weiter bearbeiten zu können (z. B. nähere Informationen zu einem bestimmten Krankheitsbild zu sammeln). Die so entwickelten
Lernziele werden dann durch Selbststudium mit Hilfe von Bibliotheken, Online-
Ressourcen, Expertenbefragungen etc. von jedem Lerner selbständig bearbeitet. In
weiteren Treffen der Kleingruppe werden die Ergebnisse vorgestellt und diskutiert;
ist der Fall abgeschlossen, widmet man sich dem nächsten Fall. Bei der Verfassung
exemplarischer Fälle wird darauf geachtet, dass die notwendigen Informationen zur
Bearbeitung nicht nur aus einem Bereich, sondern generell aus verschiedenen Fach-
bereichen gesammelt sind (z. B. nicht nur medizinische Informationen über ein

Krankheitsbild, sondern gleichzeitig auch noch Informationen aus den Bereichen Biochemie, Soziologie etc.; Hafler 1997). Die Vorteile von PBL lassen sich auch im Bereich des Web-basierten Trainings nutzen, insbesondere können auch Gruppen aus Lernenden und Experten verschiedener Nationen oder geographischer Regionen über das Internet verbunden werden und so zusätzlich weitere Facetten in das Lernangebot einbringen (Koschmann 1996). Ein internetbasiertes PBL-Curriculum kann, wie im Folgenden skizziert, realisiert werden: Man stellt zur Kommunikation zwischen den Lernenden und den Lehrenden eine asynchrone oder synchrone Möglichkeit zur Kollaboration im Internet her. Durch die Gestaltung authentischer Fälle und Probleme mittels HTML-Seiten stellt man ein Curriculum zur Verfügung, das aufbauend den Lehrinhalt eines Kurses abdeckt. Für jeden Fall sowie für die generelle Kommunikation **sollte** ein gemeinsames Diskussionsforum bereitgestellt werden, in welchem Fallbehandlung, Lernzieldefinition und Lösungsvorschläge eingetragen werden können. Zusätzlich kann bei Bedarf zur synchronen Kommunikation ein Chat-Tool angeboten werden. Zur Informationssuche stellen die Lehrenden im Internet lernergerecht aufbereitete Ressourcen, z. B in Form von Hypertexten, zur Verfügung, die bei Bedarf von den einzelnen Lernern benutzt werden können. Hierbei können Texte, Bilder; Videos, Animationen oder Simulationen sowie weitere Online-Quellen integriert werden. Die Lerner identifizieren zunächst selbst die Lernziele unter moderierender Aufsicht eines Tutors im jeweiligen Diskussionsbereich. Sie vereinbaren Arbeitsaufgaben, die dann im Laufe einer Woche bearbeitet und generell zugänglich in einem entsprechenden Webspace abgelegt werden. Diese Ergebnisse bilden wiederum die Grundlage für die abschließende Falldiskussion. Sollte die asynchrone Kommunikation nicht ausreichen, so kann man jederzeit auf den (moderierten) Chat zurückgreifen.

Eine derart oder ähnlich gestaltete Lernumgebung unterstützt in hohem Maße das Lösen von Problemen, den kooperativen Umgang in der Gruppe und die Entwicklung von individuellem Fachwissen, das auf neue Situationen anwendbar ist, also transferiert werden kann.

Das geschilderte Szenario dient nur als anleitende und exemplarische Skizze, generell wird das Einrichten einer solchen Lernplattform von den vorhandenen zeitlichen, personellen und finanziellen Ressourcen abhängig sein. Es ist erstrebenswert, diese Anregungen in die Tat umzusetzen, um sich von der traditionellen Philosophie des Leh-

rens und Lernens zu lösen und durch den Einbezug sozialer Interaktion in Lernprozesse den Mehrwert, der durch das Internet entsteht, auch zu nutzen.

11.4 Fazit

Die gegenwärtige Verfahrensweise computer-basierter Trainingsprogramme
zur individuellen Bearbeitung als Web-basiertes Trainingsprogramm über Datennetze
verfügbar zu machen, wird weder neueren Auffassung über Lehren und Lernen, noch
den Möglichkeiten des Internet gerecht.

Wissen entwickelt sich durch Kommunikation, durch Handeln in der Gruppe, durch
Austausch mit anderen Lernenden oder Lehrenden. Lernende quasi mit Wissen regel-
recht zu "stopfen", ohne auf die Anwendbarkeit des vermittelten Wissen zu achten, ist
eine Verschwendung menschlicher und anderer Ressourcen.

Um dies noch einmal mit aller Deutlichkeit zu formulieren: Gefragt ist der Austausch
von Individuen, das Generieren eines geteilten Wissens in einer Gemeinschaft, von
dem sowohl die Gruppe, aber in hohem Maße auch der individuelle Lernende profi-
tieren kann. Kurse für das Internet zu entwickeln, die auf dem Wechsel von Informationspräsentation – Informationsüberprüfung beruhen, mag zwar gegenwärtig im
Trend liegen, fördert jedoch weder eigene Interessen und Bedürfnisse von Lernenden,
noch wird damit "lebendiges" Wissen vermittelt.

Erst durch die Kommunikation und Auseinandersetzung mit der Umwelt erlangt Wissen einen Anwendungscharakter. Dies gilt es bei der Entwicklung von WBT-Kursen
zu berücksichtigen.

11.5 Zitierte und weiterführende Literatur

Hafler, J. P. (1997). Case Writing: Case Writers' Perspectives, in: D. Boud & G. Fe-
letti (Hrsg.): *The Challenge of Problem-Based Learning (2nd Ed.)*. London: Ko-
gan Page.

Barrows, H. S. (1985). *How to Design a Problem-Based Curriculum for the Preclini-
cal Years*. New York: Springer.

Koschmann, T. (Ed.) (1996). *CSCL: Theory and practice of an emerging paradigm,
Computers, cognition, and work,*. Mahwah, NJ: Lawrence Erlbaum.

Mandl, H. & Reinmann-Rothmeier, G. (1999). *Unterrichten und Lernumgebungen gestalten (Forschungsberichte Nr. 60).* München: Ludwig-Maximilians-Universität, Lehrstuhl für Empirische Pädagogik und Pädagogische Psychologie.

Weidenmann, B., Krapp, A., Hofer, M., Huber, G. L. & Mandel, H. (Hrsg.) (1994). *Pädagogische Psychologie.* Weinheim; Beltz.